Anne Donath

Wer wandert,
braucht nur, was er tragen kann

Anne Donath

Wer wandert, braucht nur, was er tragen kann

Bericht über ein einfaches Leben

Mit acht farbigen und
46 Schwarz-Weiß-Fotos

NATIONAL GEOGRAPHIC   MALIK

Mehr über unsere Autorinnen, Autoren und Bücher:
www.malik.de

Wenn Ihnen dieses Buch gefallen hat, schreiben Sie uns unter Nennung des Titels »Wer wandert, braucht nur, was er tragen kann« an *empfehlungen@piper.de*, und wir empfehlen Ihnen gerne vergleichbare Bücher.

Die Texte »Reisen und Hausen« entstanden im Winter 1997/98, »Zeit und Geld« im Sommer 2003, »Aus der analogen Welt« 1995–97 und 2001/02.

Inhalte fremder Webseiten, auf die in diesem Buch (etwa durch Links) hingewiesen wird, macht sich der Verlag nicht zu eigen. Eine Haftung dafür übernimmt der Verlag nicht.

Erweiterte und aktualisierte Taschenbuchausgabe
ISBN 978-3-492-40615-4
4. Auflage Februar 2023
© Piper Verlag GmbH, München/Berlin 2006 und 2017
Umschlaggestaltung: Dorkenwald Grafik-Design, München
Umschlagfotos: Anne Donath (vorne); kemai/photocase.de (hinten)
Autorenfoto und Fotos im Innenteil: privat, bis auf S. 42 © Christian Schmidt c/o Claudia Bitzer, Hamburg, und S. 48: Rainer Kwiotek/Zeitenspiegel
Litho: Lorenz & Zeller, Inning am Ammersee
Satz: Satz für Satz, Wangen im Allgäu
Druck und Bindung: CPI books GmbH, Leck
Printed in the EU

*Für Christine,
Katrin und Kerstin*

*Wer wandert,
braucht nur,
was er tragen kann.*

*Baut er ein Haus,
kommt nicht viel
dabei heraus.*

*Eine Hütte
mit Lagerstatt
und Herdfeuer
vielleicht.*

Vorwort

März 2016
Der letzte Winter war ja nicht wirklich einer – warum ziert er sich jetzt zu gehen? Doch heute hat die Sonne ihm schon mal richtig gezeigt, wo's langgeht!

Bei dem Wetter wollte ich gleich das Laub aus der Wiese rechen, aber nun sitze ich im Gras und kaue an einem jungen Löwenzahnblatt. Auf meinen Füßen liegt Sancho, die Wundertüte. Er knackt eine alte Haselnuss, die er ausgebuddelt hat.

Vorläufig ist er eine gefleckte Walze auf kurzen Beinen mit einem Ringelschwanz am einen und einer schwarz-weißen Gesichtsmaske am anderen Ende. Mal sehn, wie er sich auswächst.

Er wird wohl der letzte Hund sein, der mein Leben begleitet, bis siebzig hab ich's nicht mehr weit. Langsam kriege ich eine Vorstellung vom Alter.

Wenn die schönen jungen Töchter die ersten zarten Lachfältchen um die Augen und ein wenig Lametta in der Mähne zeigen und auch schon mal zur Lesebrille greifen, wenn sie in die Zeitung gucken, muss ich mir nichts vormachen.

Da kann ich mir doch langsam ein paar »Altersschwächen« eingestehen? Dass die Tagesetappen auf Radtouren deutlich kürzer werden und ich mir immer häufiger und eher gemütliche Pausen bei Bäckereien an der Strecke einfallen lasse? Ehrgeiz, die nächste Steigung im Sattel oder Wiegetritt zu schaffen, hatte ich allerdings noch nie, geschoben hatte ich früher schon oft, weil ich meist Räder ohne Schaltung hatte.

Zu leugnen ist auch nicht mehr, dass das Knochengestell am Morgen schon ein wenig knirscht, bis es so richtig in die Gänge kommt.

Das leichte Dauersirren in den Ohren vergesse ich nur noch im Großstadtgetümmel, zu Hause untermalt es sogar das Amselflöten im Morgengrauen.

Wenn ich zunehmend Selbstgespräche führe, kann ich mich ja neuerdings darauf rausreden, dass ich diesem kleinen Welpen erklären will, was grade so in meinem Kopf vorgeht, könnte ja was dabei sein, was ihn interessiert!

Immerhin habe ich noch keine Ersatzteile! Vorläufig gruselt es mich noch sehr, wenn eine Freundin beim Kaffee zum Besten gibt, dass sie nun doch bald ein neues Knie braucht. Ein richtiger Schauer läuft mir aber bei den Schilderungen diverser Hoch- und Tiefbaumaßnahmen im Mundraum über den Rücken.

Da bin ich ja soo feige und hoffe sehr, weiterhin mit guter Pflege schlimmere Umbauereignisse abwenden zu können.

Muss ich meine Lesebrille erwähnen?

Also, gesundheitlich gibt es keinen Grund zu klagen, würde ich sagen. Auch wenn mir bewusst ist, dass schon morgen alles ganz anders sein kann.

Eher hatte ich lange Zeit im Leben Sorgen, dass mich das Alter in Bezug auf die Geldmittel quälen würde. Die Rente für Frauen fällt aus vielen Gründen meist recht mager aus, und ich kenne aus dem eignen Umfeld Frauen, denen es nicht leichtfällt, von ihrer Rente ihren Lebensunterhalt zu bestreiten, wenn sie zur Miete wohnen. Ein noch so kleines Auto ist da meist nicht drin. Da bin ich doch froh, dass ich eine eigene, schuldenfreie Immobilie bewohne und einen Garten habe, wenn ich auch der Ehrlichkeit halber vielleicht sagen sollte, dass mein Haus- und Grundbesitz nicht ganz den Vorstellungen entspricht, die wir hierzulande davon haben. Doch wenn sich heutzutage einer bei 800 Euro Rente als reich betrachtet, können wir uns ja mal anschaun, wo er steht und wie er da hingekommen ist:

Geboren bin ich noch in der britischen Zone, gerade einen Monat vor der Währungsreform. Damals fing jeder mit vierzig Mark Kopfgeld wieder von vorne an, war froh, wenn er ein altes Fahrrad hatte, der Kohl hinter dem Haus gedieh und er einen Stallhasen mästen konnte. Die Männer konnten noch sägen und Holz hacken und die Frauen aus wenigen Zutaten einen guten Sonntagskuchen backen.

Ich habe zwei Großmütter erlebt. Die eine hieß auch so, war energisch und tatkräftig, schwamm jeden Morgen von April bis Oktober ihre Runden im See und strickte den Enkelkindern wollene Fäustel. Die andere war die Omama. Sie trug Hosenanzüge, rauchte und saß mit einer Wolldecke um den Bauch vor dem Radio, das Ohr ganz am Äther, der für sie voller Geigen hing. Sie strickte uns weiße Gamaschenhosen, schenkte aber auch der Enkeltochter solide Lederhosen, denn Schöngeist und praktischer Sinn müssen sich nicht widersprechen. Und eines Tages zog sie aus ihrem Reisekoffer den Teddybären für mich, der noch lange nach ihrer feinen Wäsche duftete.

Die Lederhosen reichten anfangs bis unter die Arme, »zum Reinwachsen«. Zehn Jahre später hab ich sie gegen diese unaussprechlichen Nietenhosen getauscht, die heute Jeans heißen und keinen Aufstand in der Verwandtschaft mehr auslösen.

Anfangs wohnte unsere kleine Familie in einem Zimmer bei der Großmutter. Das war wohl etwas eng, aber wir Kinder konnten mit allen Vettern und Kusinen im großen Garten am See die Welt erforschen. Später zogen wir um, in ein Dachzimmer, durch das der Schornstein ging. Bald kam ein Kinderzimmer dazu. Die Pumpe war im Hof, und wenn sie in einem strengen Winter eingefroren war, wurde sie mit einem richtigen Feuer wieder aufgetaut. Meine Mutter wusch uns im Sommer die Haare draußen an der Regentonne. Und wenn sie die Dielen schrubben wollte, stellte sie die Stühle hoch, setzte uns Kinder dazwischen, und während sie den Boden unter Wasser setzte und den Feudel schwang, hielten wir uns an den hölzernen Stuhlbeinen fest und krähten mit dem Radio: »Das kann doch einen Seemann nicht erschüttern!«

Zu dieser Zeit waren 300 Mark ein guter Monatslohn. Im Sommer gab es sonntags ein kleines rundes Vanilleeis am Stiel. Unter dem Weihnachtsbaum lag eine Puppe von der Tante, ein Webrahmen, eine Kinderpost, eine Puppenstube, ein Kaufladen. Nein, nicht alles auf einmal, jedes Jahr ein Stück dazu. Und ein Jahr bekam ich einen ballonbereiften Roller! Der hielt so lange wie die Lederhosen, ich hab ihn mit vierzehn gegen das erste selbst verdiente Fahrrad getauscht. Für Ferienarbeit gab es damals fünfzig Pfennig die Stunde in der Gärtnerei, so kostete das Rad vier Wochen Arbeit. Die Fünftagewoche war noch ein fernes Ziel, das Wochenende begann am Samstagnachmittag.

Geld hat man sich damals eingeteilt. Die Omama verwaltete in ihrem Sekretär einige Zigarettendosen mit Gummiband drumrum, auf die sie ihre Pension verteilte. War gegen Monatsende Ebbe in der Metzgerkasse, schob sie den Überschuß aus der Drogeriedose hinüber. Gereicht hat es immer auf diese Weise, sogar für Toto und Lotto.

Meine Mutter bekam zum dritten Kind eine Waschmaschine. So ein Modell findet man heute nur noch im Museum. »Bottichwaschmaschine« hieß dieser archaische Vorläufer unserer heutigen Trommelwaschmaschinen, der zum Schleudern noch nicht geeignet war. Nacheinander zogen weitere Haushaltshilfen bei uns ein. Eine Brotschneidemaschine, ein Mixer, ein Eisschrank, ein Staubsauger. Und die Öfen wurden von einer Zentralheizung abgelöst. Zu dieser Zeit wurden nicht mehr bestimmte Hausarbeiten an dafür vorgesehenen Wochentagen erledigt. Es brummte nun ständig irgendwo in der Wohnung, weil immer gerade einer der kabelschwänzigen Haushaltssklaven seinen Dienst versah.

Auch in Fabriken und Büros nahmen Maschinen den Menschen die Handarbeit ab – oder sollten wir sagen weg? Vorläufig waren Ingenieure und Monteure einfach nur mächtig stolz auf die Entwicklungen, an denen sie arbeiteten, erleichterten sie doch den Menschen die schwere Knochenarbeit. Aber die Zeit war nicht mehr weit, in der die Welt von Dingen und Dienstleistungen überquoll, die niemand wirklich brauchte und die dennoch nötig wurden, wollte man dieses Wirtschaftssystem am Laufen halten, das nur weiterleben konnte, wenn es wuchs. Schon in diesen Tagen entstanden die – freilich noch etwas unhandlichen – Prototypen der Apparate, die den Menschen auch noch die Kopfarbeit abnehmen wollten. Beide Entwicklungszweige zusammen sollten einmal die Produktion gewaltig steigern, während die Beschäftigungsrate konstant abnehmen sollte.

Die Schule hat mich anfangs sehr verwirrt. Den ersten Tag durfte ich hin, alle weiteren mußte ich. Außerdem sollte ich die linke Hand, mit der alles spielerisch von ganz allein ging, flach wie tot auf das Pult legen und den Griffel in die Rechte nehmen, die gute, die schöne. Wenn die sich vor Anstrengung verkrampfte, half ihr heimlich die böse Linke aus. Da waren die Buchstaben gleich wieder rund und schön, aber sie galten trotzdem nicht, weil sie oft aus dem Spiegel guckten, das war wieder nicht erlaubt! Auch durften die Wörter nur von links nach rechts über die Tafel laufen. Kamen sie von der anderen Seite daher, fielen sie einem nassen Lappen zum Opfer. Außerdem guckte ich viel zu oft aus dem Fenster, und im Zeugnis war zu lesen, das Kind sei unkonzentriert und es könne schon, wenn es nur wollte! Bei Buntstift, Pinsel und Schere war es seltsamerweise einerlei, in welcher Hand sie lagen, da stand meiner Entfaltung nichts im Wege; Malen und Werken wurden die schönsten Stunden der Woche. Spannend war es auch, wenn wir in der höheren Mathematik filigrane räumliche Gebilde konstruierten und zu Papier brachten oder für ein X alle natürlichen Zahlen einsetzten, um eine ästhetisch ansprechende Parabel zu zeichnen.

Staunend hab ich aber eines Tages feststellen müssen, dass neben unserer musisch-humanistisch geprägten Mathematikwelt noch ganz andere existierten: Eine Freundin auf der Handelsschule jonglierte mit Formeln für Zins und Zinseszins!

Mit Chemie und Physik stand ich erheblich auf Kriegsfuß. Da war die Biologie mit ihren bunten Tafelbildern von den Bauplänen des Lebens ganz anders geeignet, meine Aufmerksamkeit von den fahrenden Wolken am Himmel auf die Theorie im Klassenzimmer zu lenken.

Mein Vertrauen in die naturwissenschaftlichen Lehren war noch sehr unkritisch. Es wäre mir nie in den Sinn gekommen, den absoluten Wert der sogenannten Naturkonstanten auf den Prüfstein zu stellen. Und ich hinterfragte auch nicht die klare geometrische Form der Alterspyramide, nie wäre ich auf die Idee gekommen, dass sie in Wirklichkeit ein lebendiger Organismus sein könnte, der eines Tages einmal auf dünnen Beinen einen großen Kopf und einen hungrigen Bauch balancieren müsste!

Während ich mich im Kunstunterricht gut entwickelte, geriet mein Musikabitur zu einer harten Prüfung, für die Probandin wie für das Auditorium. Ich wollte nie wieder Geige spielen, und eine Schule hätte ich höchstens nach einem Frontenwechsel wieder betreten!

Auf die Erwachsenenfrage, was ich denn einmal werden wollte, kam zuerst eine vernünftige Antwort: Schneiderin. Denn die Frau, die an der Omama ab und zu Maß nahm, durfte alle Zuschneidereste behalten, und ich wollte mir aus allen Schnipseln meiner Aufträge das schönste aller Kleider nähen, so ein Allerleibunt.

Als dann die Tanten von den ersten Reisen nach Paris und Venedig mit Geschichten, Souvenirs und glücklichen Gesichtern heimkamen, wollte ich Fernfahrer werden, wieder das Nützliche mit dem Angenehmen verbinden. Dann wollte ich Fischersfrau werden, in einem weißen Würfelhaus auf einer Insel im Mittelmeer auch im Winter bei offener Tür und frischer Luft leben. Über diese Träume haben die Erwachsenen gelächelt. Als ich schreiben, zeichnen und modellieren wollte, haben sie ernsthaft von brotloser Kunst abgeraten.

Ich träumte weiter: Das Winterhalbjahr auf der Südhalbkugel leben? Mit einer Halbtagsarbeit den Lebensunterhalt sichern und die Kunst frei von Erwerbsdruck ausüben?

Und während ich so träumte, galoppierte der Fortschritt durchs Land. Kräne hoben Fertiggaragen in die Vorgärten, weil jetzt jeder ein Auto brauchte. In Deutschland galt als arm, wer noch keine Waschmaschine hatte, und als bedauernswert, wer noch schwarz-weiß fotografierte und fernsah. Vor den Großstädten wuchsen hügelige Parklandschaften auf Müllbergen. Die letzten Flüchtlingsbaracken wurden abgerissen, und die ersten Supermärkte machten sich breit. Und die Illustrierten warfen sich mit Diäten gegen die Wohlstandsbäuche in die Schlacht. Ach ja, und der Brennstoff kam nicht mehr hierzulande aus der Erde oder aus dem Wald, sondern in Riesentankern über das Meer. Das Wort Globalisierung gab es noch nicht, aber sie hatte längst begonnen.

Ich machte erst mal mein Lehrerexamen in Franken, heiratete und bekam drei Töchter. Unser Haushalt entwickelte sich standesgemäß. Radio, Plattenspieler und Fernsehapparat hatten wir schon zu Studentenzeiten. Staubsauger, Waschmaschine und Trockner brachten die Kinder mit sich. Und am Ende kümmerte sich auch noch Lady Siemens in der Küche um unser schmutziges Geschirr. Wir lebten in einer geräumigen Fünfzimmerwohnung, vor der Tür standen zwei Autos, am Bodensee lag eine Jolle. Wir machten zwei Mal im Jahr Urlaub, oft in Nordafrika, und die Ferien am Meer in Südfrankreich waren für meine Kinder so selbstverständlich wie das Taschengeld und das Fahrrad.

Bei der Scheidung mit Mitte dreißig ist mir zum ersten Mal das Thema Rente begegnet. Mir sollten im Rahmen des Versorgungsausgleiches nach zwölf Jahren Ehe später einmal, wenn ich 63 sein würde, 124 DM zustehen. Aber das war damals noch dreißig Jahre weit weg, und außerdem ging ich ja nun, nachdem die Kinder groß genug waren, selbst arbeiten. Allerdings gestaltete sich der Wiedereinstieg in das Berufsleben etwas krumm. Ich hatte zwar das erste Staatsexamen als Grund- und Hauptschullehrer in der Tasche, hatte es aber in einem anderen Bundesland erworben. Hier in Württemberg wollten sie mir nur zwei Semester anerkennen. Einer Klinik war das gleich, sie suchte eine Lehrkraft für ihre Patienten. Mit dem Gehalt sah es allerdings nicht rosig aus. Wissen Sie, Lehrer gehören bei uns zur Beschäftigungstherapie. Beschäftigungstherapeut haben Sie nicht gelernt, nicht wahr? Also sind Sie eine Hilfskraft. Deshalb fällt Ihr Gehalt natürlich etwas geringer aus. Das werden Sie doch einsehen. Sie sind doch nicht dumm, Sie haben doch studiert! Mir blieb ob dieser Logik der Mund offen stehen, aber ich wollte die Stelle haben. War sie doch die Möglichkeit, meinen Beruf ausüben zu können, ohne erneut das Bundesland wechseln zu müssen. Außerdem hatte ich die Vorstellung, dass ich in einer Klinik als Lehrer Freiheiten genießen würde, die ich mir in Abhängigkeit von einem Schulamt nie würde erkämpfen können. Wir hatten als Schüler mit dem Rotstift des Lehrers gelebt und gelitten. Markiert wurde, was falsch war. Eine Anerkennung stand höchstens pauschal als knappe Bemerkung unter der Arbeit. Ich malte mir aus, dass es unter Umständen manchmal auch besser sein könnte, das Richtige bunt hervorzuheben. Auch wieder so ein Traum. Jetzt konnte ich jedenfalls einige meiner Vorstellungen umsetzen, das hat mir und meinen kranken erwachsenen Schülern gutgetan. Und ich selbst habe bei dieser Arbeit auch einiges gelernt. Dass wirkliche Veränderungen nicht nur kompetente Hilfestellung, sondern einfach auch Zeit brauchen. In allen unseren Bildungsstätten vertrauen wir doch auf den Nürnberger Trichter und lassen dem Stoff selten Zeit, sich zu setzen.

Mit ein wenig Beharrlichkeit hab ich noch einen Aufstieg vom Lohn einer Putzfrau zu dem einer

Schreibkraft geschafft, dann war das Ende der Fahnenstange erreicht.

Wer wenig verdient, bekommt auch mal wenig Rente. Wenn ich dann noch an die Mieten denke ... und eigentlich wollte ich doch schon immer ein eigenes Haus. Nicht nur irgendein Wohneigentum im fünften Stock, sondern eine eigene Hütte, um die ich herumlaufen könnte. Wo ich im Sommer morgens mit dem Kaffeebecher auf den Stufen vor der Tür sitzen könnte, zugucken, wie der Salat wächst ...

Ich hab noch mal gelernt, Krankenpflege an unserer Klinik. Da bekommt man während der Ausbildung, die mit viel Arbeitseinsatz verbunden ist, so tausend Mark im Monat. Als Krankenschwester hab ich dann zwar auch keine Reichtümer verdient, aber mein Lohn war nicht mehr Verhandlungssache. Und als die Klinik mich später mal wieder als Lehrer brauchen konnte, stand ich nicht mehr mit offenem Mund in der Gegend herum, sondern hatte was zu sagen. Mit einem Lehrer- und einem Krankenpflegeexamen fühlte ich mich nun als Fachkraft für eine Patientenschule. Wir wurden uns einig, und so gab es keinen Grund mehr, den Arbeitgeber je wieder zu wechseln.

In dieser Zeit habe ich immer wieder darüber nachgedacht, wie ich mietfrei in die Rente gehen könnte. Da war ich Anfang vierzig, und die Jahre, die mir zum Abzahlen bleiben würden, wurden immer weniger. Das Haus auf dem Karopapier wurde immer kleiner, die Ausstattung immer einfacher. Kompromisse musste ich keine mehr machen, die Kinder waren ausgeflogen und der Hund, der übrig blieb, hatte in dieser Sache kein Stimmrecht.

Anfang der Neunziger war ich wieder in Algerien gewesen. Vor dem Hintergrund meiner Ideen von der eigenen Hütte hatte ich mir die Lebensbedingungen der Menschen dort mit anderen Augen angesehen als früher. Eine Woche habe ich in einem Tuaregdorf zugebracht. Nach zwei Tagen hatten sie ihren Besuch vergessen, und ich konnte mich frei unter ihnen bewegen. Ich habe ein Dorf erlebt, das im Tefedestgebirge abseits aller Pisten liegt, in dem es kein Auto gibt – außer einem Wrack auf vier Steinen –, das nicht mal einen Generator hat, geschweige denn irgendwelche Geräte, die sich damit betreiben ließen. Wer nun aber glaubt, dass sich die Menschen ohne Strom das Leben vor lauter harter Handarbeit sauer werden lassen, der irrt gewaltig. Hastig habe ich Fatima, Mohammed, Kouna, Hamma, Ali und Saida nur einmal erlebt, als ein alter Lkw auf der offenen Ladefläche die Schulkinder für die Ferien heimbrachte. Sonst gingen alle Verrichtungen in Ruhe vor sich, und es blieb viel Zeit für Geselligkeit. Auf der Heimfahrt habe ich viel gegrübelt:

In endlos langen Schuljahren hatten sie mir beigebracht, Dinge groß und Tätigkeiten klein zu schreiben, Wurzeln zu ziehen, ein blütenweißes Kissen mit gewaschenen Händen zu besticken und eine Sonatine auf der Geige zu spielen.

Machte sich Unlust breit, so hieß es: Non scholae, sed vitae discimus! – obwohl schon Seneca beklagt hatte, dass genau das Gegenteil der Fall sei.

Im Sommer 1969 hatte ich endlich das Abitur in der Tasche – und keine Ahnung, wie man Feuer macht, wenn man friert, welche Kräuter essbar sind, wenn man hungert, und wo man Wasser suchen muss, wenn man Durst hat.

All das konnte mir ein Hirtenkind in der Sahara schon mit zehn Jahren zeigen, ohne je in die Schule gegangen zu sein. So nahm ich Nachhilfe in Nordafrika, wo man das Leben einfach noch am Alltag lernen kann.

Die Tuareg bauen sich in vier Tagen eine Schilfhütte, die ihren Bedürfnissen genügt. Und wenn sie doch eines Tages der Sturm mitnimmt, so ist nicht viel verloren. Wir dagegen bauen uns aufwendige Wohnmaschinen, für die wir uns über Jahrzehnte verschulden müssen. Und deren Unterhalt uns für den Rest unseres Lebens in die Pflicht nimmt. Natürlich müssen wir alle Risiken hoch versichern, um diese Werte zu erhalten, besonders, solange sie noch nicht bezahlt sind. Ich wollte ein Haus haben, ja, aber ich wollte nicht sein Sklave werden. Es sollte mir ein Dach über dem Kopf sein. Ich wollte meine eigenen vier Wände haben, fünf müßten es nicht werden.

Eine Schilfhütte täte es in unserem Klima wohl nicht, aber vielleicht eine aus Holz? Mit einem Ofen in der Ecke, der kocht und heizt? Auch ein Klo und einen

Wasserhahn im Haus fände ich nicht schlecht. Und ein großes Fenster, das viel Licht reinlässt. Einen Keller für Holz und Gemüse im Winter, und ... Unds gab es jede Menge!

Im Sommer 1993 kaufte ich eine Wiese. Im Jahrhundertsommer 2003 saß ich immer noch dort. Aber es hatte sich viel verändert:

Seit das neue Jahrtausend begonnen hat, muss ich nur noch einen Tag der Woche dem Geldverdienen opfern. An den anderen sechs Tagen kann ich direkt am Leben teilhaben, ganz im Sinne Thoreaus, von dem ich in der Schule nie etwas gehört hatte.

Zeit und Geld

Es ist noch Zeit.

Für noch einen Kaffee und ein paar Seiten im Buch. Oder sollte ich doch lieber erst ein paar Schläge mähen hinter der Hütte, wo im Schatten das Gras noch saftig strammsteht, eh es in der Mittagshitze schlapp macht?

Auch das hat Zeit.

Sogar 24 Stunden, auf die Erdumdrehung ist Verlass.

Zehn Jahre ...

In diesem Juli 2003 ist es genau zehn Jahre her, dass ich diese Wiese erstanden habe, in der ich hier sitze. Ja, in. Ich kann kaum rausgucken, so hoch steht sie. Über mir der blaue Himmel. Ein zerrupftes Wolkenfeld treibt gemächlich aus Westen heran. Ab und zu weht mir die Morgenbrise eine dünne Rauchfahne ins Gesicht. Ich schiebe einen Ast nach. In das Feuer zwischen den drei großen Steinen, auf denen der Topf mit dem Waschwasser sitzt und sich den runden Bauch wärmt.

Warmes Waschwasser im Juli?

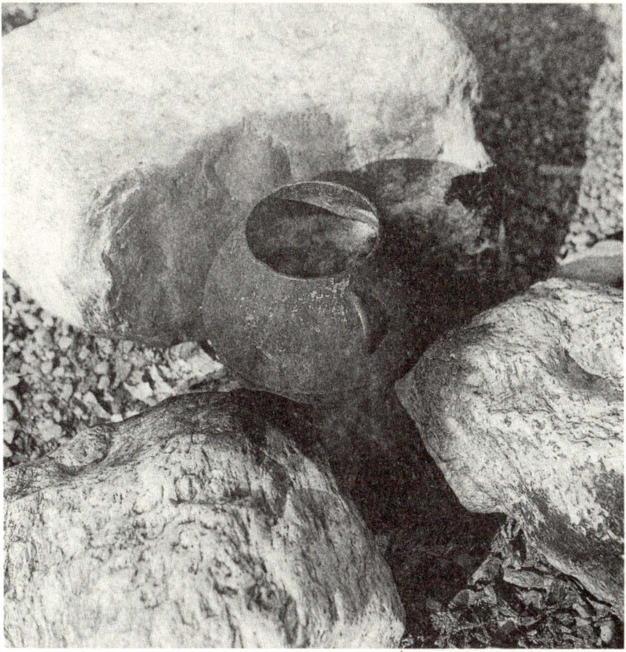

Aber ja, ich bin doch kein Asket. Morgens ein kalter Waschlappen ins Gesicht – nein, mit einem Schock mag ich den Tag nicht anfangen, auch nicht, falls das gesund sein sollte!

Zehn Jahre ...

Im Herbst vor zehn Jahren hab ich in dieser Wiese eine Grube ausheben lassen. Für einen Keller.

Auf dem hat dann im Dezember ein solides kleines Blockhaus Platz genommen.

Weihnachten hab ich davon Besitz ergriffen. Die erste Nacht im neuen Haus im Schlafsack auf dem Teppich zugebracht.

Es war ein wenig frisch, in einer der längsten Nächte des Jahres, am 48sten Breitengrad, in einem ungeheizten Neubau.

Das Heizen hab ich dann am nächsten Morgen geübt. Mit klammen Pfoten und bar jeder Erfahrung mit einem Holzofen. Am späten Vormittag konnte ich den dicken Winterpulli ausziehen. Und weil der Wasserhahn schon Trinkwasser aus der städtischen Wasserversorgung hergab, konnte ich mich mittags mit einem heißen Kaffee trösten. Sogar das Fußbodenklo funktionierte schon, wenn es auch noch etwas wackelig auf zwei Ziegelsteinen lag.

Bis zum Jahreswechsel hab ich in wenigen Fuhren mit meinem kleinen Jeep meinen letzten Umzug hinter mich gebracht.

Von der Stadt ins Dorf, fünf Kilometer weit.

Vom Einzimmerappartement im fünften Stock mit

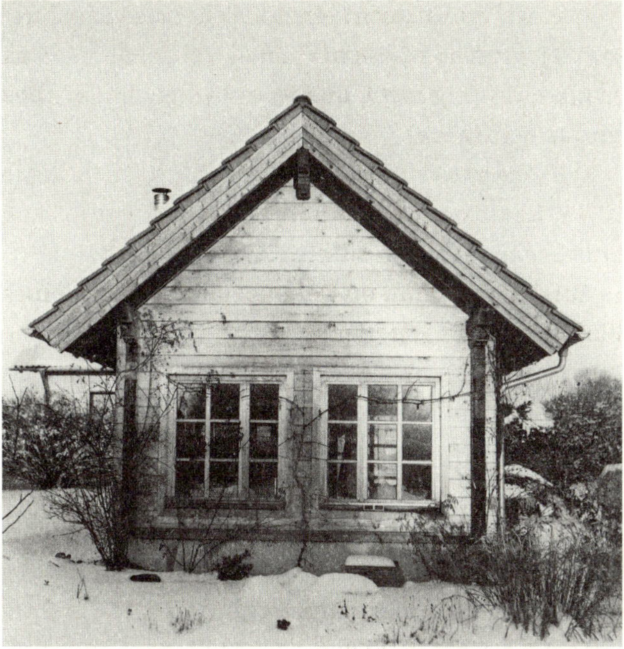

Küche, Bad, Balkon und Alpenblick in eine Blockhütte auf der grünen Wiese mit ... na ja, eher ohne. Ohne Küche und Bad, ohne Balkon und Alpenblick, ohne Stromanschluss und ohne Telefon.

Die Wiese war nach den Erdarbeiten auch keine mehr.

Und den Jeep hab ich nach der letzten Fuhre auch noch verkauft.

Warum macht ein Mensch so was? Das haben sich viele gefragt.

Mich auch.

Ich mich nicht.

Ich hatte zu tun.

Ich hab im ersten Jahr viel gelernt:

Dass ich Kerze und Streichhölzer neben die Tür stellen muss, wenn ich im Dunkeln zur Arbeit gehe, weil ich abends nicht das Licht anknipsen kann, um sie zu suchen.

Dass Unkraut schneller wächst als Kartoffeln.

Dass man Buche frisch spalten muss, Fichte erst, wenn sie trocken ist.

Dass der Nachbar gerne die Wolle seiner Schafe verschenkt, weil er sie sonst entsorgen müsste.

Dass die freiwillige Feuerwehr in wenigen Minuten einen Schuppen versetzen kann.

Dass der Nachbarin das Heu meiner Wiese ein paar Eier wert ist.

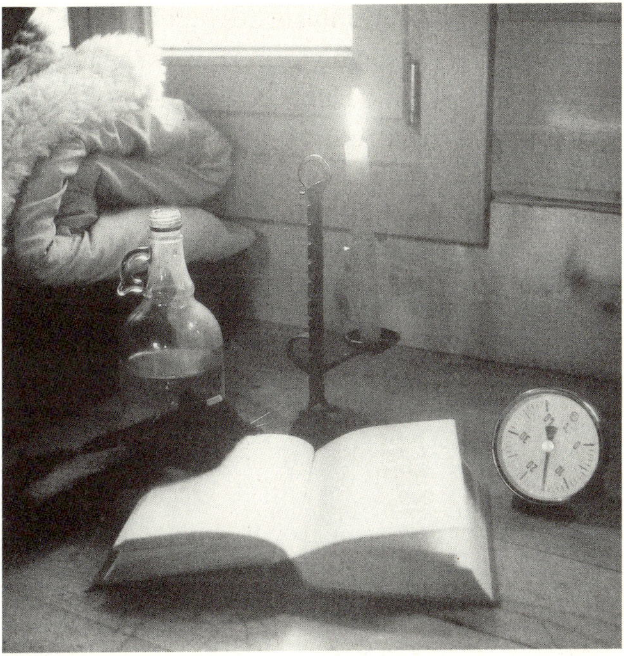

Dass Erde kein Dreck ist.

Dass ein Haus mit nur einem einzigen Raum gleich vier Außenwände auf einmal hat, erst recht im Winter!

Dass gute Ratschläge billig und manchmal sogar was wert sind.

Und dass mensch fast alles lernen kann, wenn sie nur will!

Nein, mit dem Lesen wird es wohl heute morgen nichts. Ich bin zu sehr mit Erinnerung beschäftigt. Mitten im Sommer mit dem Kopf im Winter.

Dem ersten Winter meines Lebens.

Vorher war kein Winter ein Winter gewesen, bei zwanzig Grad in zentral geheizten Zimmern. Die Kälte konnte nur zubeißen, wenn man von der Haustür ins Auto sprang. Nun umlagerte sie die Hütte von allen Seiten. Besonders nachts. Besonders bei trockenem Ostwind.

Tags hab ich dagegen angeheizt und die Hütte gemütlich warm gehalten. Abends hab ich kein Holz mehr nachgelegt und bin unter die Decke gekrochen. Da war es auch trocken und warm. Ich musste ja nicht in ein klammes Bett in einer eisigen Schlafkammer. Denn wer nur einen einzigen Raum in seiner Hütte hat, genießt den Vorzug einer warmen Schlafstube.

Bett gab es allerdings nicht mehr. Das hatte ich schon im Hochhaus abgeschafft. Weil ich im Urlaub wochenlang auf Matten, Feldbetten und im Sand geschlafen hatte, ohne dass mein Kreuz es mir krumm genommen hatte. Ein weicher Wollteppich, ein Schaffell drauf, das war nun tagsüber eine freundliche Wohnlandschaft und nachts eine gute Lagerstatt. Bei einem Hausgrundriss von vier mal vier Metern eine empfehlenswerte Lösung.

Morgens war es oft recht kalt. In Dauerfrostzeiten schon mal vier Grad im Haus. Ich hab dann Feuer gemacht, Wasser für den Kaffee und fürs Waschen aufgesetzt und bin wieder ins Bett – na, unter die Decke, bis es in der Hütte überschlagen war. Der Kaffeeduft hat mich wieder rausgelockt. Da saß ich also im Schneidersitz auf einem Fell, mit dem Rücken zum warmen Ofen, das heiße Schälchen in der Hand, und schlürfte meinen Morgentrank. Der Wasserkessel sang, die Kerze goss ihr Licht auf die Dielen, und ich kramte nach der Wochenzeitung, die schon Wochen alt war, und war sicher, dass mich nichts und niemand stören würde. War das nicht das Leben!

Danach sehnen wir uns doch alle, wenigstens für die kostbarsten Tage des Jahres, unseren hart verdienten Urlaub. Nach einer kleinen Hütte, hoch auf den Bergen oder auf einer Insel im Meer. Wo uns keine Klingel aus den Träumen reißen kann, keine Türglocke herzitieren und kein Telefon zurückbeordern kann. Wo wir unter ganz ursprünglichen Bedingungen einfach nur da sein dürfen!

Und das ist jetzt und hier mein ganz privater Alltag? – Nichts als Schwärmerei! Gleich ist die ganze Idylle vorbei. Waschen, Rucksack packen, Mütze, Hand-

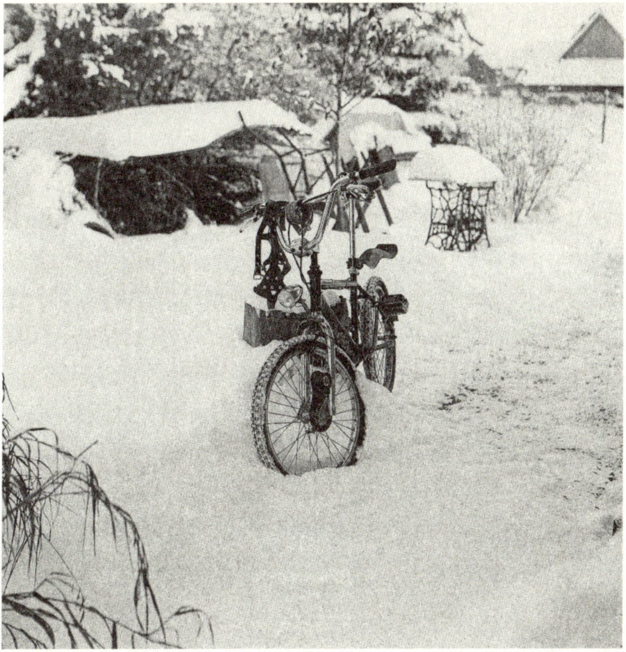

schuh, Schal und Stiefel, das Rad aus dem Schuppen und ab zur Arbeit!

An der Hauptstraße seh ich den Kollegen die Scheiben freikratzen. Auf der halben Strecke überholt er mich im Schneematsch. Auf seinem Fußweg vom Parkplatz zum Portal winke ich ihm wieder. Zusammen gehen wir die Treppe rauf.

Ich bin zurück in der Welt der Knöpfchendrücker. Ein Fingertipp rechts neben dem Türrahmen, und die Neonröhre flackert. Ein Druck mit dem rechten Zeigefinger auf das linke Hügelchen des Kippschalters, und das rote Licht zeigt mir an, dass auch die Kaffeemaschine angefangen hat zu arbeiten. An der Tastatur vom PC dürfen dann mal alle zehn Finger ran, wenn sie können. Tipp – klick – ratsch – »drrrrrt« – mitten im Schwung auf dem Drehstuhl muss ich aber anhalten. Ich versinke für Momente in der Fenster füllenden Baumkrone. Noch kein Blatt, nur nacktes Gezweige vor dem blitzeblauen Himmel. Und ganz dort oben trällert sich doch schon so ein kleines Kerlchen die Seele aus dem Leib. Es ist ja auch schon nicht mehr ganz so dunkel beim Aufstehen und ... »drrrrrt!!« – nein, hab ich nicht vergessen, bin schon unterwegs!

Abends beim Einschlafen grüble ich noch ein Weilchen. Die Rechnung »Alltag ohne Motor« geht wohl auf. Bei einem Weg zur Arbeit von fünf Kilometern ist ein Auto kein Gewinn an Zeit. Ich spare mir sogar den Ausgleichssport, der früher am Feierabend dran war,

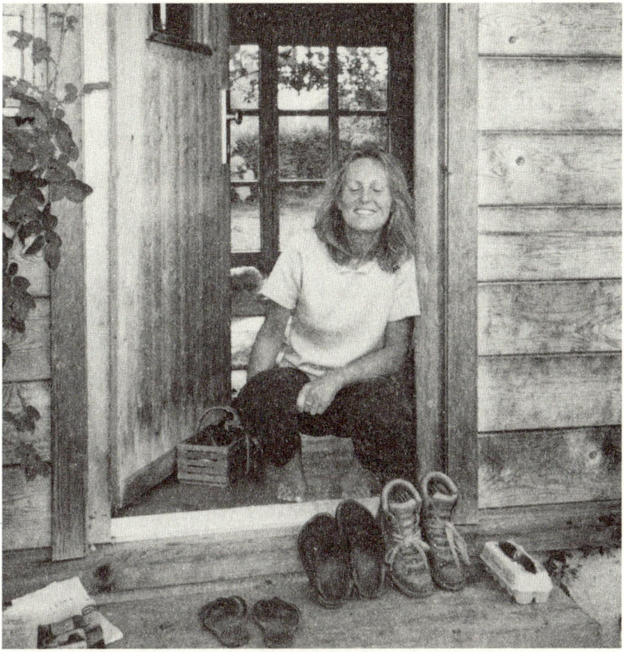

als ich noch im Sessel zur Arbeit rollte. Abgesehen von Hunderten von Mark pro Monat. So lässt sich das Haus schneller abzahlen, vielleicht geht es statt in fünfzehn Jahren schon in zehn?

Den Strom hab ich auch noch nicht vermisst. An das Kerzenlicht haben sich die Augen gut gewöhnt. Das Abendessen bei Kerzenschein ist mein alltäglicher Luxus geworden.

Das bisschen Wäsche meines Einpersonenhaushaltes lässt sich problemlos von Hand machen. Das altmodische Einweichen spart viel Plackerei, für die ich nicht bin, wenn es sich vermeiden lässt.

Die Haare trocknen auch so – und nun fällt mir schon gar nichts mehr ein, wofür ich den Strom noch bräuchte.

Ach ja, die Heizung. Das Feuermachen klappt inzwischen gut. Der kleine schwarze Skandinavier funktioniert ganz ohne elektrische Zündung, Gas und Öl, ganz einfach mit Holz, Streichhölzern und einem Blatt alter Zeitung, ist eine richtige Zentralheizung, gleichzeitig Herd und Warmwasseranlage, und wenn ich die Platte rausnehme, passt sogar der dicke gusseiserne Topf aus Afrika rein, dieses Nomaden-Einheitsmodell, als wären die beiden füreinander gemacht.

Und jetzt wird es erst mal Frühling!

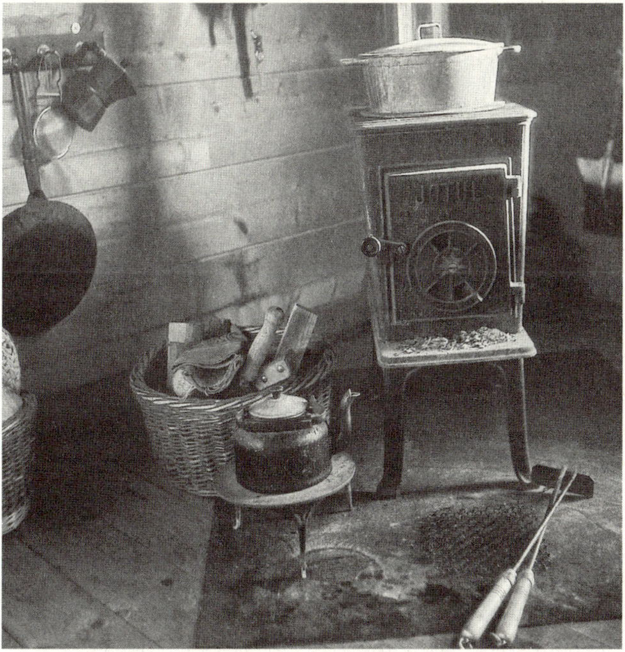

Habt ihr das gehört?

Da hat doch so eine Schwarze einen Pfahlbau direkt neben die schöne Barockkirche gepflanzt!

Hat man da noch Worte!

Glaubt mir, an jedem Gerücht ist etwas dran, auch wenn man manchmal lange danach suchen muss. Damit bei der stillen Post aus einem Blockhaus ein Pfahlbau wird, muss die Runde schon ganz schön groß sein. Aber die Schwarze?

Vielleicht geht es doch nicht um meine Hütte?

Ich bin noch mal durchs Dorf getigert.

Nein. Ein anderer Bau kommt nicht infrage.

Schwarze – Afrikanerin?

So könnte ein Schuh draus werden!

Da fährt eine Frau immer wieder nach Afrika, in die Wüste. Von dort bringt sie so wüste Ideen mit. Von einer primitiven Holzhütte. Ohne Strom. Und jetzt macht sie auch noch Feuer im Garten! Drei große Steine hat sie zusammengerollt. Da stellt sie so einen komischen Topf drauf, der fast ganz rund ist, schwarz (!) und rußig. Da kocht sie ihre Suppe. Und nachher setzt sie in die Glut noch eine kleine kugelrunde blaue Kanne und kocht Pfefferminztee. Und eine Hausnummer sieben hat sie auch noch! Ob da wohl alles mit rechten Dingen zugeht?

Als es Frühling wurde, hatte ich das Gefühl, auf einer Freilichtbühne ein Einpersonenstegreifstück zu geben. Ich hatte noch nie einen richtigen Garten gehabt. Ich hatte noch nie versucht, einen Haushalt im Freien zu führen. Ich ging tags zur Arbeit und experimentierte abends und am Wochenende an einer neuen Lebensweise. Das Publikum war gerade so gespannt wie ich, wie das Stück ausgeht.

In der vegetationslosen Zeit hatte die Hütte da gestanden wie ein giftiger Fliegenpilz im Sumpf: das frische Holz ganz blass, die frischen Dachziegel so arg rot, die Wiese ein schwarzer Morast.

Nun stachen die ersten grünen Lanzetten aus der Erde, wenn auch noch kein Baum und Strauch da war, der hätte austreiben können, damit sich ein Vogel bei seiner Heimkehr aus Afrika hätte ausruhen können.

Aber das änderte sich bald.

Eh ich selbst noch recht Pläne hatte, was werden sollte, brachten Nachbarn und Freundinnen, was in ihren eigenen Gärten zu viel wurde. Wein und Rosen kamen von der Alb. Eine Rhabarberwurzel im Schnellpaket aus Hamburg. Und, in einen Pkw gezwängt, hatte sich eine junge Moorbirke aufgemacht. Sie war zu groß geworden für ihren Topf auf einem Balkon im sechsten Stock, just über dem meiner letzten vernünftigen Wohnung. Sie hatte von einer nassen Wiese gehört, das war so ganz nach ihrem Sinn! Eine Eiche und ein paar Haselnüsse fanden sich noch ein und herrliche Unkräuter wie die Jungfer im Grünen und Akeleien in allen Formen und Farben.

Ich war glücklich an allem, was in die Vertikale wollte, und konnte mir noch gar nicht vorstellen, dass es auch mal zu viel werden könnte.

Ich las schlaue Bücher über Gärten.

Ich mähte die Wiese.

Ich setzte Kartoffeln.

Ich steckte Zwiebeln.

Ich säte Lauch.

Ich hackte Holz.

Zwischendurch machte ich Feuer für die Suppe – und fiel abends tot um.

Es war ein herrlicher Frühling und wurde ein guter Sommer.

Da schlief ich oft draußen. Lernte in der Dämmerung den Igel kennen und die Schnürpfade der Räuber, der Katzen, Marder und Füchse.

Als es Herbst wurde, grub ich Kartoffeln und Zwiebeln aus, ließ sie ein wenig abtrocknen, wie ich es bei den Nachbarn sehen konnte, und brachte sie in den Keller.

Der hat weder Treppe noch Tür, aber vom Wohnraum aus eine Luke und eine Leiter. Außen hat er ein

Kellerfenster, da hab ich das Winterholz reingekippt, das auf einem Anhänger hinter einem alten Traktor dahergetuckert kam.

Auf den Dachboden hab ich einen Sack Wolle geschleppt. Die hatte ich im Juni bekommen, frisch geschoren. Hatte sie ein wenig gewaschen, in Wind und Sonne auf der Wiese getrocknet.

Ein Paket Haushaltskerzen dazu und ein paar gute Bücher – ich war gerüstet für den nächsten Winter!

Die kleine Birke ließ ihre wenigen gelben Blätter in einem Herbststurm los.

Die nasse Nebelsuppe klebte mir morgens die Jeans an die Schienbeine.

Dann hatte das Wasser in der Regentonne eines Morgens eine dünne Haut aus langen Glasnadeln.

Die Tage wurden kurz, und manchmal musste ich schon am frühen Nachmittag die Kerze anmachen. Ich saß vor dem Ofen und hatte einen Korb Wolle neben mir. Ich musste wieder experimentieren, nachdenken und ausprobieren. Aus vielen kurzen Fasern soll ein langer Faden werden. Dass sie zusammenhalten, brauchen sie einen Drall. Krause Fasern verhaken sich besser miteinander als glatte. Bei den Tuareg und Berbern hab ich gesehen, dass sie ihre Spindeln als Kreisel über den Lehmboden treiben. Ich kämmte eine Flocke aus, zog sie vorsichtig in die Länge, immer feiner, und wickelte ein Ende des Gespinstes auf ein Stöckchen. Mit Daumen und Zeige-

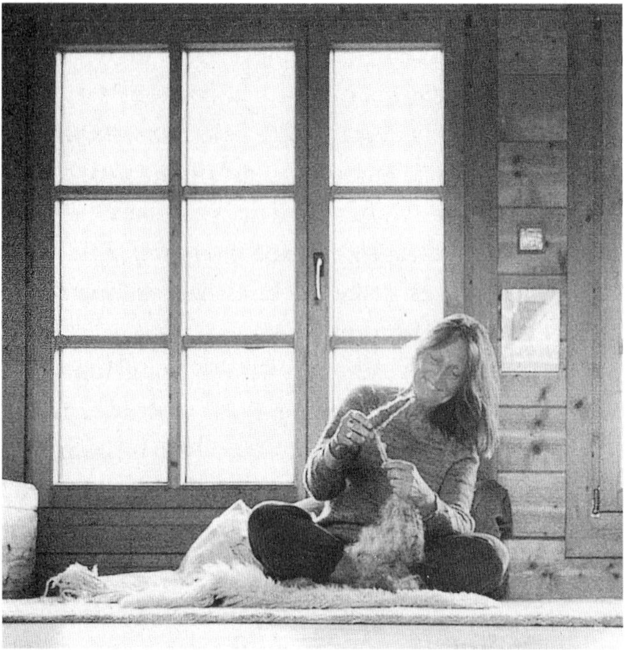

finger drehte ich das Vlies ein wenig und wickelte wieder ein Stück auf. War es das?

So entstand das erste feine wollene Gewirke. Pulli mag ich gar nicht dazu sagen. Fein handgesponnen aus gekämmter Schurwolle, naturweiß, weich und dünn und sehr haltbar. Ein unbezahlbares Einzelstück. Ständig getragen, ein wenig repariert und angestrickt. Ich hab es heute noch, es liegt in der Truhe und ist längst heiliggesprochen.

Dann hab ich eine alte Schultasche vom Flohmarkt auseinandergetrennt, meine Füße auf Packpapier nachgezogen, danach die Sohlen zugeschnitten und die Decke für den Fußrücken. Die Nähte hab ich vorgelocht und mit gewachstem Kettgarn gestochen. Der Schuster im Nachbardorf hat mir am nächsten Tag die Ränder glatt geschliffen. Er hat mich nicht mal ausgelacht, sondern eingeladen, wiederzukommen, wenn ich mal wieder was hätte. Diese Schuhe sind auch noch im Gebrauch. Sie sind sicher Hunderte von Kilometern auf dieser Erde unterwegs gewesen, in Berlin und Paris, im Staub von Luxor und im Geröll der Daharpisten.

Dann hab ich wieder manchen Abend gerechnet.

Ich wollte mich nicht auf Finanzexperten verlassen. Die erzählen dir, dass du dumm bist, wenn du tilgst, solange du Steuern sparen kannst. Ich habe mir selbst durchgerechnet, was mich meine Hütte kosten wird, mit Zinsen und Steuerersparnis, wenn ich sie in zwanzig oder in zehn Jahren abbezahle. Und es kam immer nur raus, je schneller, desto günstiger.

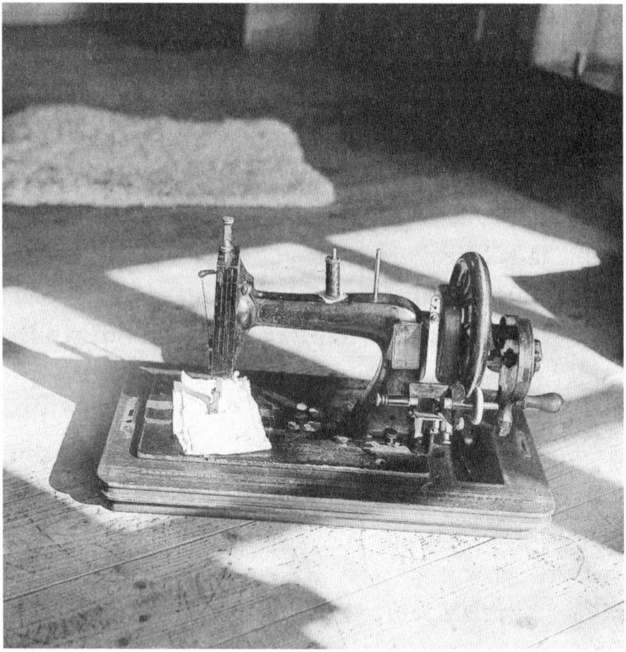

So habe ich mir vorgenommen, vier Tage der Woche für die Hütte zu arbeiten und einen Tag fürs Leben. Kam das Geld aufs Konto, habe ich mir dreißig Scheine zu zwanzig Mark abgeholt. Jeden Tag gabs einen davon, so konnte ich mir die Buchführung schenken.

Urlaubs- und Weihnachtsgeld waren für den Urlaub, jährliche Rechnungen und Anschaffungen da. Winterholz und Wasser, Grundsteuer und Gebäudeversicherung, Kaminkehrer und Rundfunkgebühren, Haftpflicht und ... sechs Wochen Afrika, im Winter oder im Frühling. Auch das war drin. Mit der Bahn nach Genua, mit der Fähre nach Tunis, mit dem Sammeltaxi in den Süden. Zum Wandern mit dem Zelt von einem Berberdorf zum nächsten. Ein wenig Zugvogel spielen ... Einen von unseren hab ich dort gesehen: Ein zerlumpter Storch schritt im Januar würdevoll durch die Dünen von Ksar Ghilane und fing Eidechsen.

Manchen Abend lag ich nur mit geschlossenen Augen da und hörte Radio. Es ist ja nur ein ganz kleines, das von Akkus lebt, die ich solar auf der Fensterbank laden kann. Aber sein Klang kann sich hören lassen. Ich hab mir schon manches Konzertsaalereignis in die Hütte geholt.

Manchen sternenklaren Abend hab ich am Fernglas zugebracht, im Warmen hinter dem Fenster, und hab mir die Himmelsmechanik eingehen lassen, hab die Sternen- und Planetenbahnen am Kirchturm und den Sprossen des Fensters abgelesen. Seit der Schulzeit

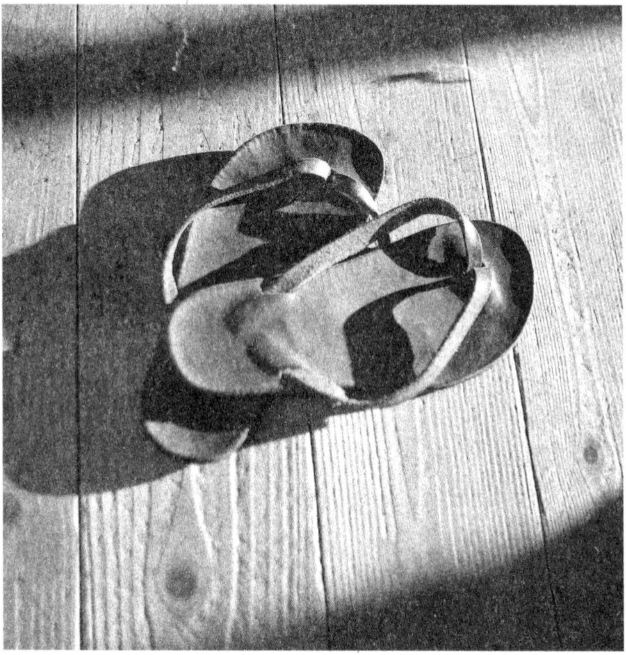

wusste ich ja, dass die Sonne nicht auf- und untergeht, aber nun sehe ich die Erde durch das Weltall rollen und muss der Schwerkraft vertrauen, dass mich die Fliehkraft nicht aus unserer Planetenbahn fortreißen kann.

An anderen Abenden musste ich schreiben.

Wenn eine solch lebensumkrempelnde Experimente macht, noch dazu allein, muss sie sich damit wohl schriftlich auseinandersetzen. Es sind ein paar kleine Abhandlungen dabei rausgekommen. Die hab ich auch ab und an vorgelesen. Dafür bekam ich eines Tages eine alte 6x6-Kamera geschenkt. Mit der bin ich dann wieder durch die Hütte, den Garten und das Dorf gestreift. Dadurch sind Bilder zu den Texten entstanden ...

So sind ein paar Jahre durchs Dorf gegangen.

Die Hütte ist ein wenig ergraut und nur im Winter zu sehen; im Sommer versteckt sie sich zwischen Wein und Rosen. Hinter der Hütte wuchern Unkraut und Gemüse um die Wette.

Gerüchte gibt es immer noch. Sie scheinen so dauerhaft wie gute Wahrheiten zu sein. »Nur gut, dass sie arbeiten geht. Dann kann sie dort mal duschen und was Warmes essen. Dort wird sie wohl auch ihre Wäsche waschen und den Müll hintragen.« Es geht ja wirklich nicht mit rechten Dingen zu, wenn die Tonne nur einmal im Jahr draußen steht – und ein Mensch im Stadtbild nicht auffällt, auch wenn er keine Dusche und keine Waschmaschine zu Hause hat.

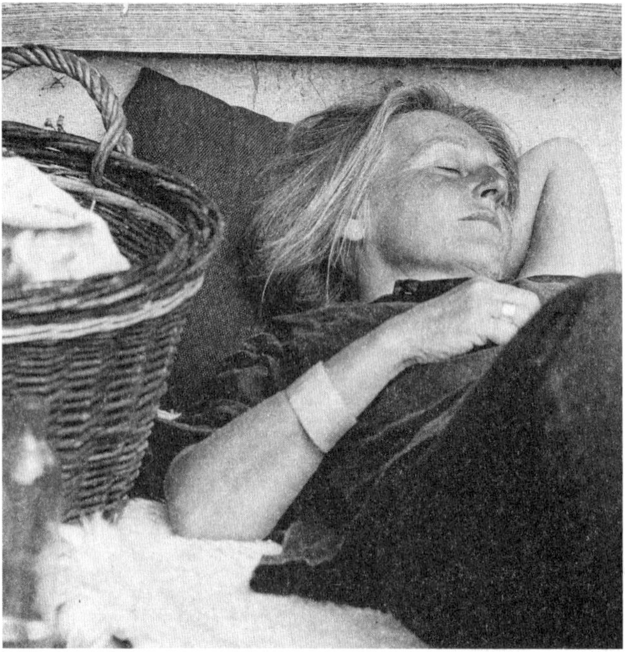

In diesen Jahren ist mir mein neuer Alltag so zur Gewohnheit geworden wie vorher der alte.

Und da ich mein eigener Finanzexperte war, war in sieben (!) Jahren meine Hütte bezahlt. Was lag näher, als nur noch einen Tag der Woche für Geld arbeiten zu gehen?

Ich hab meinem Arbeitgeber vorgeschlagen, meine ganze Jahresarbeitszeit in den drei Sommermonaten abzuarbeiten, wenn meine Kollegen in den hart verdienten Urlaub gehen wollen und den Stationsleitern die Dienstplangestaltung zum Albtraum wird. Den Rest des Jahres hätte ich frei. Er musste nicht lange überlegen, um auch seinen Vorteil an diesem Handel zu entdecken.

Jeden Monat ein bescheidener Lohn. Sicher und regelmäßig. Sozialversicherungspflichtig. Das ist meine Basis für neun Monate Freiheit.

Im ersten freien Winter sollte ich noch einen Batzen Steuern zurückbekommen, weil ich die erste Hälfte des Jahres voll gearbeitet hatte. Das mochte doch für einen Winter im Süden reichen? Einen alten Traum wahr machen, o ja! Mit Rad, Bus und Schiff hab ich mich aufgemacht, noch ehe der Pass verschneit war.

Im Südwesten Kretas hab ich mich für den Winter einquartiert. Erst auf einem Zeltplatz, dann in einem Zimmer. Mit Glühbirne an der Decke. Mit Terrasse. Und eigenem Bad. Täglich warmes Wasser aus dem Hahn.

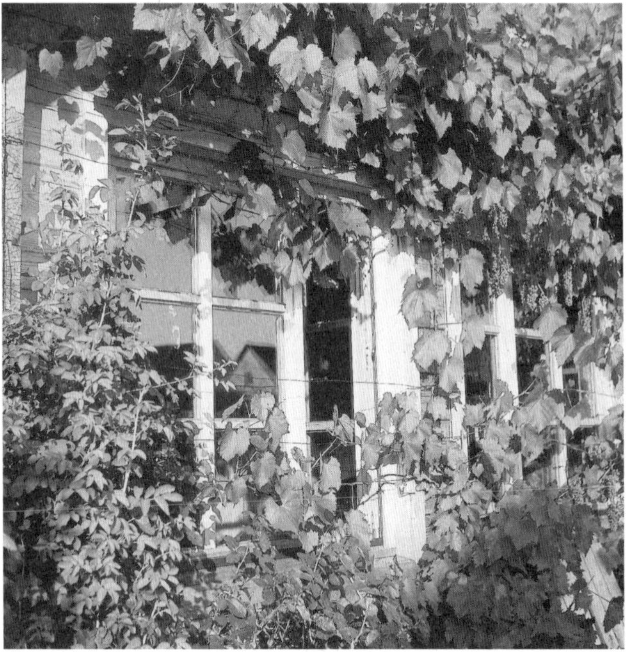

Aber viel aufregender als all der Luxus war der tägliche Sonnenaufgang aus dem Meer. Täglich hüpfte ich im Morgengrauen mit dem Schlafsack auf die Terrasse hinaus und erwartete die Sonne. Täglich gab sie eine neue Aufführung. Ich war ihr ganz verfallen und konnte keinen Tag ohne sie beginnen.

Für die Kreter wurde es der kälteste Winter seit vierzig Jahren. Für mich der wärmste seit 53 Jahren. Es gab nur ein wenig Schneeregen am Dreikönigstag. Trotzdem hab ich oft meinen Ofen vermisst, denn drin und draußen zehn Grad ist nichts für verwöhnte Nordeuropäer.

In diesem Winter wurden aus meinen täglichen zwanzig Mark am Neujahrsmorgen zehn Euro.

Anfang April sind wir heimgekommen. Ein kleiner kretischer Straßenköter hat sich auf dem Weg nach Norden angeschlossen. Ein Wollschaf in Dackelgröße. Ein Mädchen auf dramatisch schönen X-Beinen.

Die Entdeckung, dass sie sich vom getretenen Straßenköter zum Haus- und Grundbesitzer gemausert hat, ist ihr zu Kopfe gestiegen. Sie könnte Tag und Nacht wachen, damit kein Spatz einen Krümel von ihrer Wiese stiehlt. Und seit die therapeutische Welt die Vierbeiner für ihre multiprofessionellen Teams entdeckt hat, darf sie mit mir zur Arbeit gehen.

Den zweiten freien Winter sind wir zu Hause geblieben. Ich hab nach über dreißig Jahren die Geige aus-

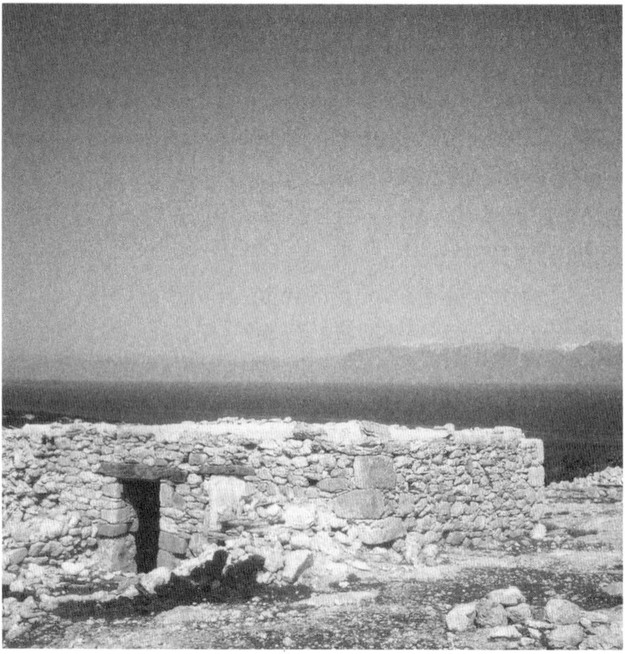

gegraben und mit Pinsel und Tusche zu zeichnen begonnen.

Und das war's?

Was könnte ein Mensch nicht alles mit all der schönen Zeit anfangen!

Aber Vorsicht! Manche Beschäftigung lässt sich als Arbeit enttarnen.

Und Arbeit, einmal angefangen, zieht oft einen Rattenschwanz ihresgleichen hinter sich her.

Ich denke mir nur aus, ich wollte einen Rasen haben.

Dann müsste ich meinen Garten planieren, damit sich der Rasenmäher nicht an Buckeln und Kuhlen verschluckt. Damit aus dem anfänglich schüchternen Grün auch wirklich ein saftig grüner Rasen wird, dem auch die Nachbarschaft Achtung zollt, müsste ich dann auch alle zwei Wochen mähen, müsste kultivieren, düngen, gießen ... dann hätte ich einen prächtigen Rasen mit allen Mühen, Sorgen und Verpflichtungen.

Ich kann auch das Gelände so krumm und bucklig lassen, wie es ist, und die Wiese, die sich von allein breitmacht, zweimal im Jahr mit der Sense mähen, die billiger und pflegeleichter als ein Rasenmäher ist. So wächst mir Sommer für Sommer eine Augenweide zu, die mir viel freie Zeit lässt, in ihr zu versinken.

Wer aber in der Wiese liegt, wenn andere ihrer Arbeit nachgehen, gilt hierzulande als Faulpelz.

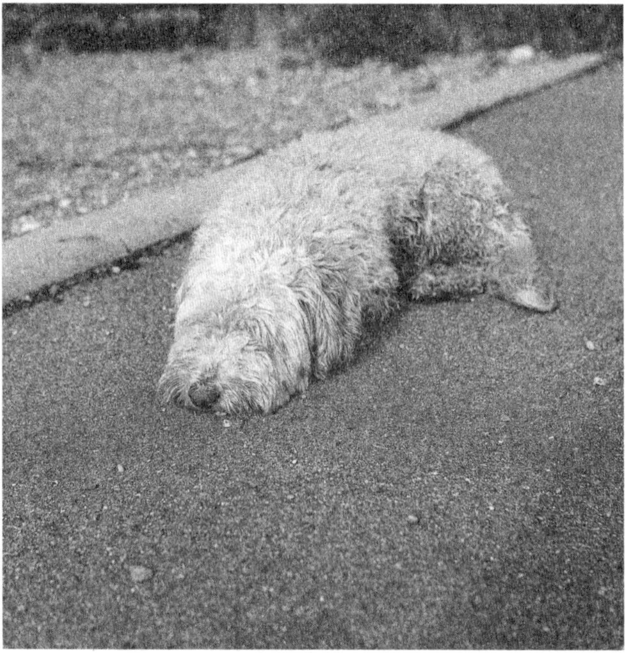

Der schlägt die Zeit tot.

Nur, wer tut der Zeit mehr Gewalt an: Der in der Wiese liegt und im blauen Himmel fernsieht – oder der, der besessen auf einer Tastatur herumhämmert, um damit das Geld zu verdienen, sich von ebendiesem Stress ein paar Wochen im Jahr an einem fernen Strand zu erholen?

Solange der Faulpelz mir nicht und auch sonst niemandem auf der Tasche liegt, hat er meine ganze Sympathie.

Ich traue ihm sogar zu, dass er sich was dabei denkt, wenn er nichts tut.

Vielleicht: Manchmal ist schon viel getan, wenn einer etwas lässt.

Vielleicht: Wenn Zeit Geld ist, bin ich reich. Und besser dran als der Kollege mit der Villa und dem Benz, weil der bei diesem Wetter in einer Besprechung steckt. Weil seine Villa und sein Benz ihn zum Sklaven machen, wenn er sie behalten will.

Ich halte es mit dem Faulpelz.

Und wenn das alle täten? Für unsere kranke Wirtschaft wäre das der Todesstoß!

Wirklich? Vielleicht könnten sich so rein rechnerisch fünf Leute einen Arbeitsplatz teilen. Und die Arbeitsstelle, die ich vor zwei Jahren frei gemacht habe, ist wieder besetzt. Von einer jungen Frau, die dieses Geld zur Zeit gut brauchen kann. Die gibt es auch wieder aus. Es fließt wieder in die Wirtschaft. Ich brauch es jetzt nicht.

Was nicht heißt, dass ich aus Prinzip von wenig Geld lebe. Etwa, weil ich Geldbesitz für Sünde hielte. Oder im Geld die Wurzel allen Übels in der Welt sähe.

Ich könnte sicher aus jedem Goldregen mit Fantasie und Begeisterung etwas machen, und wenn ich den Segen auch nur aus dem Fenster würfe, um zu sehen, ob Scheine so anmutig fliegen können wie Falter in der Sommerbrise.

Ab und zu spiele ich sogar Lotto. Wenn ich auch nur ein einziges Feld mit sechs Kreuzen bepflanze, deren Frucht bisher kein einziger Kreuzer, sondern nur ein paar Stunden Vorfreude auf einen Millionenplatzregen war.

Geld an sich ist ja weder gut noch schlecht, sondern nur ein praktisches Tauschmittel.

Mehr ist es allerdings dann, wenn ich im Wintermantel, den ich im letzten Frühling eingemottet habe, im Herbst beim Lüften einen verirrten Schein finde. In solchen Überraschungen alleine steckt die Freude am Geld. Denn alles, was uns so regelmäßig voraussehbar auf dem Konto eingeht, ist ja schon verpulvert, eh es gutgeschrieben ist, weil ihm unsere Wünsche schon wild entgegengewuchert sind.

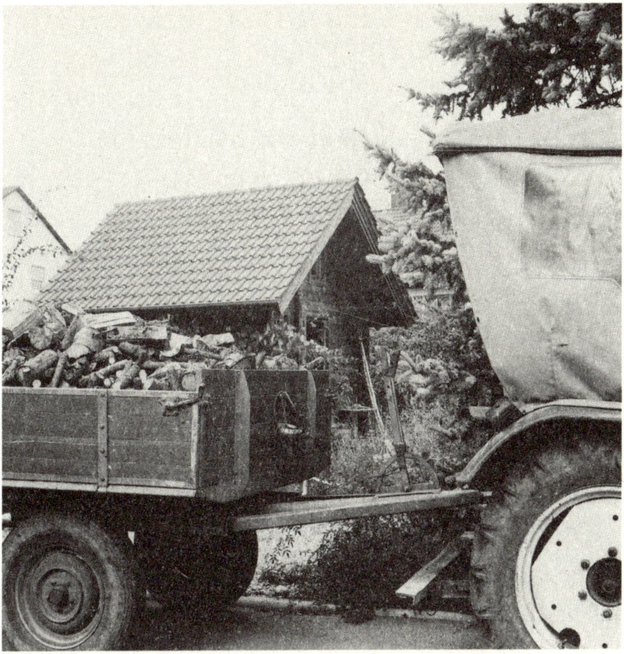

Ich glaube, da kommt er.

Ich hör ihn.

Dieses unvergleichlich gemächliche Zweitaktergepoche. Unverkennbar ein alter Traktor.

Eines dieser grünen Fossilien, die noch mit wenigen Pferdestärken auskommen. Auf die die neuzeitlichen Ungetüme herunterblicken, die eine ganze Kavallerie unter der Haube bändigen, ihren stolzen Herren die Haare vom Kopf fressen und sie zwingen, immer noch mehr Grund immer noch effektiver zu bewirtschaften.

Nun muss ich wohl aufstehen. Da kommt das Winterholz.

Kleine runde Äste. Die können die anderen mit ihren großen Kachelöfen nicht so gut brauchen. Und ich spare mir einige Arbeit mit dem Spalten. Letzte Woche hab ich mir meinen Stapel ausgesucht. Das Holz ist zwei Sommer getrocknet und wird bis Mittag im Keller sein. Im September kommen die Kartoffeln und die Zwiebeln dazu, vielleicht auch Möhren und rote Bete.

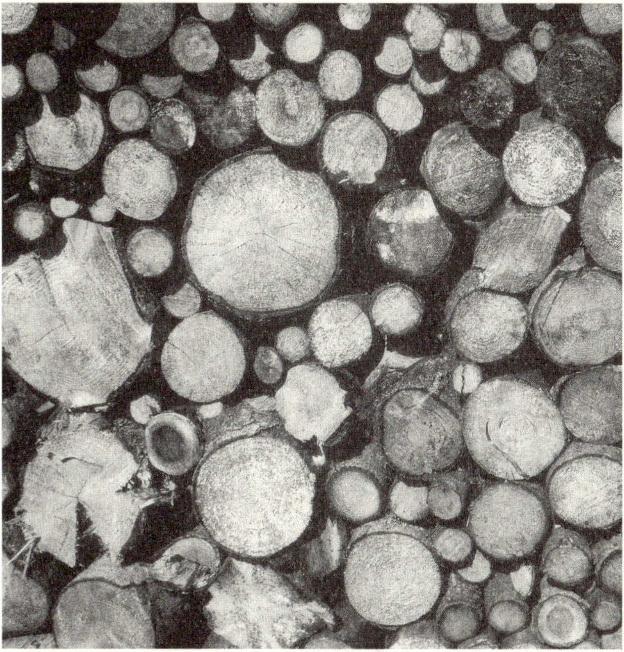

Die Zisterne ist auch voll, und zwei Säcke Wolle lehnen an der Schuppenwand.

Noten für die Geige und die Flöten, ein paar eingetauschte Bücher und schönes altes Leinen für einen Kittel: Der Winter kann kommen.

Aber ab und zu suche ich das Kartenmaterial durch, blättere in alten Reisetagebüchern ...

Diese Sonnenaufgänge aus dem Meer ...

...irgendeine südliche Ostküste?

... Palmengärten ... ein Feuer im Sand ...

... Wellen rollen auf den Strand ...

Lassen wir's mal offen.

Aus der analogen Welt

Einleitung

Doch – doch, es gibt sie noch, die analoge Welt!

In manchen Nischen überlebt sie bis heute. Nicht ganz abgekapselt und in reiner Form, aber mit geringen digitalen Einsprengseln versetzt, erscheint sie erstaunlich vital.

Es ist also noch nicht so weit, dass wir sie im Zoo besuchen gehen müssen, wo man vom Aussterben bedrohte Arten im Schonraum am Leben erhält. Noch feiert sie fröhliche Urstände mitten unter uns.

Kann natürlich sein, dass es etwas Mühe kostet, eine analoge Zelle im digitalen Urwald aufzustöbern. Denn sie selbst hinterlässt ja in der digitalen Welt kaum Spuren, das hat die Sache so an sich.

Rückschritt und Fortschritt im Dialog

Also gut, ich ruf Sie dann nächste Woche an.

Oh, schreiben Sie mir doch bitte eine Karte, ich habe kein Telefon.

Schreiben? O Gott, lassen wir das. Ich komme einfach mal schnell vorbei. Wie lange brauche ich denn bis zu Ihnen?

So etwa sechs Stunden. Sechs Stunden habe ich von meinem Haus bis zu Ihrem Büro gebraucht.

Na, hören Sie mal! In sechs Stunden fahre ich mit der letzten Klapperkiste bis an die Küste!

Ja, mit dem Auto schaffen Sie es vielleicht in einer guten Stunde.

Und Sie ziehen die Bahn vor? Da sind Ihnen wohl alle Anschlusszüge davongefahren?

Nein, im Sommer fahre ich längere Strecken lieber mit dem Rad.

Ach ja, und bis zwanzig Kilometer laufen Sie dann alles zu Fuß, Sie Spaßvogel! Und wahrscheinlich machen Sie zu Hause das Licht mit einem Stein aus!

Ich puste.

Äh – bitte?

Ich blase sie aus – die Kerze.

Soso! Haben Sie Ihre Stromrechnung nicht bezahlt?

Nein, ich bekomme keine.

Na, den Trick verraten Sie mir mal!

Pst, ich habe keinen Stromanschluss!

Kommen Sie, setzen Sie sich. Ist Ihnen nicht gut? Soll ich Ihnen ein Glas Wasser holen?

Danke, mir geht's gut, und ein Glas Wasser nehme ich gerne.

So, hier, bitte. Und nun sagen Sie mal, haben Sie das eben ernst gemeint? Ich meine, dass Sie keinen Stromanschluss haben? Leben Sie irgendwo im Wald?

Nein, ich wohne mitten im Dorf. Ich wollte es einfach nicht.

Also, das verstehe ich nicht! Das Auto, das Telefon und all die elektrischen Geräte, die uns das Leben erleichtern, wollen Sie nicht nutzen? Das ist doch ein Rückschritt!

Ja, natürlich ist das ein Rückschritt! Ist das nicht wunderbar?

?

Tja, ein Rückschritt ist ja nur dann eine peinliche Angelegenheit, wenn Sie einen Schritt nach hinten tun, ohne sich umzudrehen. Das kann ins Auge gehen. Das wäre kein Fortschritt.

Rückschritt, Fortschritt, was schmeißen Sie denn da alles in einen Topf?

Na ja, wenn ich mich umdrehe und – sehenden Auges – den Weg der technischen Entwicklung ein Stück zurückgehe, so ist das doch durchaus ein Fortschritt. Ich schreite fort, nur in eine andere Richtung. Ich muss ja nicht bis ins Neolithikum. Nur so etwa zehn Generationen. Dann hat Europa Napoleon schon hinter sich – und ich kann die Entwicklung des Streichholzes schon mitnehmen.

Oho! Also ein simples Streichholz findet als großartige Erfindung vor Ihren Augen Gnade!

Aber sicher. Haben Sie mal versucht Feuer zu schlagen? Das will gelernt sein. Nein, das Zündholz ist schon eine feine Sache. Ein Ratsch, und eine kleine Flamme flackert in der hohlen Hand. Damit zünden sie eine Kerze an und machen Feuer im Ofen. Dann ist bald das Kaffeewasser heiß, das Haus warm. Sie lesen noch bei Kerzenschein die Zeitung, ehe Sie sich ans

Holzspalten machen ... fehlt einem denn da überhaupt noch irgendetwas?

Nun ja, im Urlaub lass ich mir das gefallen. Ein paar Wochen auf einer Hütte. Zum Abschalten. Aber so ein primitives Leben kostet ja auch viel Zeit, wenn Sie alles von Hand machen müssen. Bloß die Wäsche! Dafür hat man im Alltag nun wirklich keine Zeit.

Warum?

Gute Frau! Weil jeder Normalbürger nun mal acht Stunden am Tag arbeiten gehen muss! Weil er Geld braucht! Meinen Sie, das kriegt man alles geschenkt? Das Auto, die Waschmaschine, die Hifi-Anlage, den Computer, den ganzen modernen Wohlstand! Dafür müssen Sie hart arbeiten! Umsonst ist nichts auf dieser Welt. Wenn Sie ein bequemes Leben haben wollen, müssen Sie arbeiten, arbeiten und noch mal ar... O Gott!

Kommen Sie, setzen Sie sich wieder. Ist Ihnen nicht gut? Soll ich Ihnen ein Glas Wasser holen?

Wasser? Nein, vielen Dank, es geht schon wieder. Ich bin einfach nur überlastet. Ich sollte dringend mal abschalten. Urlaub machen müsste ich. Sagen Sie, würden Sie mir Ihr Haus mal für ein paar Wochen vermieten? Ich meine, wenn Sie mal in Urlaub fahren?

Nein. Ich muss ja nie Urlaub machen. Weil ich ja nicht so richtig arbeiten muss. Aber nächsten Monat will ich meine Freundin in Bergamo besuchen. Da bin ich sicher eine ganze Weile unterwegs. Da könnten Sie ja inzwischen mein Haus hüten und nach dem Garten sehen.

Sie meinen, einfach so? Wohnen gegen Jäten?

Besser Hausen gegen Gießen, dann ist August.

Das mach ich! Und was muss ich mitbringen? Ich meine, was brauche ich da?

Es ist alles da. Felle und Decken für die Nacht. Gemüse können Sie ausgraben. Ach ja, Zündhölzer finden Sie in der Schublade bei den Kerzen.

Wie viele Dinge braucht der Mensch?
Mit dem Teppich fing es an

Als unsere Vorfahren noch sammelnd und jagend
 über die Erde zogen,
saßen und schliefen sie auf dem Boden.

Bei Nomaden ist das heute noch so,
nur machen sie es sich heute etwas bequemer.

Sie weben oder knüpfen Teppiche,
die ihnen als wärmende, weiche Unterlage dienen.

In den meisten Ländern der Erde haben
 die Menschen daran nicht viel geändert,
als sie sesshaft wurden.

In anderen Gebieten hat die Sesshaftigkeit die
 Menschen dazu verleitet,
aufwendige Möbelstücke zu kreieren,

die kein Nomade mehr mit sich herumschleppen
   könnte.

Diese Wunderdinge sind hoch spezialisiert und
   erheben sich auf vier Stelzen über den Boden.

Sie tragen Namen wie Tisch, Stuhl, Bett und Sofa,
um nur einige von ihnen zu nennen.

Sie teilen den bewohnten Raum in drei horizontale
   Ebenen ein:
einen Fußboden,
der mehr oder weniger schmutzig ist,
weil er mehr von Schuhen,
weniger von Füßen begangen wird;

eine Sitz- und Liegeebene,
in der Regel gepolstert,
um wertvolle Körperteile vor Druckstellen und
   Abnutzung zu schützen,

und eine Ess- und Arbeitsschicht,
plan und hygienisch sauber.

Da diese Wohngeräte sich jeweils nur zum Sitzen,
nur zum Arbeiten
oder nur zum Schlafen eignen,
brauchen die Menschen Häuser mit sehr viel
   Grundfläche.

Diese unterteilen sie dann durch sogenannte Wände,
an denen sie senkrecht Dinge aufstapeln,
die auf dem Boden keinen Platz mehr finden.

Auf diese Art entstehen ihnen Räume,
die an vielen Stunden des Tages leer stehen,
weil Menschen selten zu gleicher Zeit
essen und arbeiten,
schlafen und wohnen.

So döst nachts das Wohnzimmer vor sich hin,
tags gähnt das Schlafzimmer über seine Leere.

In den Ländern,
in denen die Menschen auf dem Teppich
   geblieben sind,
reicht oft ein Raum zum Leben.

Tags wird gegessen und gearbeitet,
wo nachts die Schlafmatten ausgerollt werden.

Aber wir Mitteleuropäer können uns gar nicht mehr
   vorstellen,
den Boden zu bewohnen.

Wir kennen ja auch meist nur diesen Fußboden,
der kaum dazu einlädt,
ein Tablett mit Speisen darauf abzustellen,
um sich zum Mahl niederzulassen.

Dabei wissen wir durchaus um diese schönen
   Teppiche,
auf denen Menschen anderswo leben.

Aber besitzen wir solche,
so besitzen wir sie nicht ihrer Bestimmung gemäß,
sondern quälen sie mit Straßenschuhen und
   den Stelzen unserer Möbel.

Nur Kleinkindern gestatten wir,
sich darauf zu tummeln.

Aber sobald ein kleiner Mitteleuropäer
   dem Vierfüßlerstadium entwachsen ist,
wird er zum Sitzen auf Stühlen angehalten.

Bald verbringt der den größten Teil seines wachen
   Daseins in einer Haltung,
die seinen Gelenken nur noch die Bildung und
   Einhaltung rechter Winkel zugesteht.

Und nach Jahrzehnten seines Lebens auf Stühlen
hangelt er sich dann stöhnend an den Stelzen seiner
   Sitzmöbel hoch,
wenn er einmal mit seinem Enkel auf dem Teppich
   gespielt hat.

Alte Menschen im Orient erscheinen uns erstaunlich
   gelenkig.

Ein deutscher Pensionär zerdrückt eine Träne,
wenn er einen türkischen Greis sein Gebet
   verrichten sieht,
weil er dabei an seine Bandscheiben denken muss.

Aber mitnichten werden Moslems, Japaner oder
   Tuareg mit anderen Gelenken geboren,
sie sind nur ihr Leben lang auf dem Teppich geblieben.

Der einfache Teppich ist ein gelungenes Möbel:
Ist er nicht in Gebrauch oder auf dem Transport,
so nimmt er kaum Platz ein.

Aber wo wir ihn ausrollen,
sind wir zu Hause.

Er empfängt Gäste,
lädt zum Essen
und bereitet ein Lager.

Er ist alles in einem,
was uns Stuhl, Tisch, Bett und Sofa nur in der Summe
   sein können.

Wäre es nicht gut,
von klein an auf dem Teppich zu bleiben?

Wir blieben beweglicher,
kämen mit weniger Wohnraum aus,

den wir mit weniger Material bauen könnten,
mit weniger Energie heizen könnten,
mit weniger Aufwand pflegen könnten.

Ich persönlich kann euch aber nur dringend
   davon abraten,
euch weiter auf dieses gefährliche Gedankenspiel
   einzulassen.

Wenn ihr nicht auf der Hut seid,
sitzt ihr am Ende mit eurem schönen Teppich in
   einem winzigen Haus,
ohne Möbel,
Strom,
Telefon
und Auto
und glaubt auch noch,
dass es euch besonders gut geht.

Hüttenleben – Wahngebäude?
Das Minimalismussyndrom

Inzwischen glaube ich,
dass die Krankheit schon Ende der Siebzigerjahre in
   Nordafrika begonnen hat,
so genau lässt sich das heute nicht mehr feststellen.
Sicher ist, dass sich das Leiden bis zum März 1992
   schon manifestiert hatte.

Ein deutliches Anzeichen dafür war,
dass ich das Fahrzeug für die nächste Saharatour
nicht groß, hochbeinig und belastbar,
sondern so klein und so leicht als möglich wählte
und alles ausbaute, was herauszuschrauben ging.
Einzig der Sitz hinter dem Lenkrad blieb drin.

Ich war nämlich von der Idee besessen,
dass Lasten meist nur Ballast sind
und ein Fahrzeug auch liegen bleiben kann,
weil es mit Werkzeug, Ersatzteilen und Notrationen
 überladen ist.

Die Rechnung ging auf:
Sandbleche und Schaufel harrten auf dieser Reise
 vergeblich ihres Einsatzes.

Und während für mich früher das Nachtlager oft
 damit begonnen hatte,
in unergründlichen Tiefen der Einbauten
nach einem dringend benötigten Dosenöffner zu
 forschen,
der sich im Pistengerüttel verkrümelt hatte,
um mich anschließend in den Kampf mit einem
 blakenden, prustenden Benzinkocher zu werfen,

erging ich mich auf dieser Reise stattdessen
zwischen den Tamarisken der Wadis
auf der Suche nach Brennholz,

wählte mit Bedacht drei Steine aus,
die den Ofen bildeten,
auf dem dann schon bald die frische Gemüsesuppe
vor sich hin köchelte,
während ich mich im warmen Sand ausstreckte
und die Sterne am klaren Wüstenhimmel zählte.

Ein weiteres Symptom stellte sich ein,
als mich in Mertoutek das mächtige Gefühl überkam,
dass eine Schilfhütte von vier Metern im Quadrat
mit einer offenen Feuerstelle am Boden
genügend Raum für eines Menschen Wohlbefinden
bieten.

Jeder vernünftige Mitteleuropäer des zwanzigsten
Jahrhunderts
hätte sich spätestens jetzt in Behandlung begeben.
Aber wie das so ist:
Wenn es nicht wehtut,
nimmt man so etwas gerne auf die leichte Schulter.

Dieser Leichtsinn sollte sich rächen:
Bei der Rückkehr in mein Appartement
verkannte ich meine bis dahin geliebten und
gepflegten Möbel völlig.
Ich sah in ihnen nur noch Kubikmeter fressende
Monster,
die den Blick auf den freien Raum verstellten.

So musste der Kleiderschrank alsbald einer niedrigen
  Truhe weichen.
Alle Stücke, die vier Beine hatten,
hefteten sich daraufhin an die Fersen barmherziger
  Gäste,
die ihnen Asyl versprachen.

Bald machte ich mich getrieben auf die Suche
nach einem Grundstück
und reichte ein Baugesuch ein
für ein Haus mit einem Grundriss von vier Metern
  im Quadrat.

Mit Rücksicht auf unser Klima
nahm ich allerdings Abstand von Schilf als
  Baumaterial
und entschied mich für Holz.

Ein kleiner gusseiserner Ofen
war ein weiteres Zugeständnis an den 48. Grad
  nördlicher Breite.

Ein Klo ließ ich einbauen,
weil das Grundstück mitten im Dorf liegt,

und einen Wasserhahn,
weil die nächste Quelle einen Fußmarsch von knapp
  einer Stunde weit entfernt ist.

Aber einen Anschluss an das dicke, schwarze Kabel,
das in der Straße schlummert,
ließ ich nicht herstellen.
Das zwang die Waschmaschine,
die Hifi-Anlage
und das TV-Gerät
in das Exil.

Dass dieses ganze Vorhaben
zu dieser Zeit
und an diesem Ort
völlig unangemessen war,
versuchte mir der besorgte Ortschaftsrat
　klarzumachen.
Aber in all seinen Paragrafen fand er keine
　Handhabe,
diesem Treiben Einhalt zu gebieten.

Im Dezember 1993
hat dann mein W(a)ohngebäude Gestalt
　angenommen.
Von nun an übte ich mich in der Handwäsche,
im Holzhacken
und im Mähen mit der Sense.
Ich verkaufte meinen kleinen Jeep
und ersetzte ihn durch einen Drahtesel einfachster
　Bauart.

Und der Tauschhandel feierte fröhliche Urstände:
Das Gras meiner Wiese nahm die Nachbarin für ihre
    Stallhasen
und gab mir Eier ihrer Hühner für mein Abendessen.

Meine Nachbarn waren bald von meiner
    Harmlosigkeit überzeugt,
bei der Obrigkeit blieb ein tiefes Misstrauen noch
    lange bestehen:
In schöner Regelmäßigkeit machte der Streifendienst
    seine Aufwartung.

Besuch bekam ich wie noch nie in meinem Leben.
Fremde und Freunde stiefelten über den Kiesweg in
    meine Hütte
und besahen sich alles,
besonders alles, was fehlte.

Und ein ganz Listiger fragte mich eines Tages,
wo ich denn den Strom abzapfe,
mit dem ich die Akkus auflade,
mit denen ich dem Radio die Töne entlocke ...?

Ich öffnete das Fenster,
holte ein Kästchen mit blauem Deckel herein
und wies auf die strahlende Energiequelle am
    Mittagshimmel.
Mein Gast hauchte ein tonloses »Oh« in den Äther
    und empfahl sich alsbald.

Zentraler Treffpunkt in meinem Garten
wurden drei schöne, große weiße Steine.
Hier lässt sich sommers der schwarze afrikanische
　Topf nieder
und träumt von seinen Nomadenzeiten,
wenn unter ihm das Feuer lodert
und gierige Mäuler nach seiner Suppe lechzen.

Oft erscheint Henry David Thoreau in meiner Hütte.
Ihn zu bewirten stürzt mich nie in Verlegenheit:
Ein Topf Kartoffeln und ein Becher Wasser
bilden meist die Grundlage für unsere nächtelangen
　Diskussionen.
Natürlich verbindet uns das Hüttenleben,
aber wir sind doch so verschieden
wie der Waldenpond und der Federsee.

Nun lebe ich schon zwanzig Jahre in meiner Hütte,
und das Wort »hausen« hat für mich einen ganz
　neuen Klang bekommen.

Mein Verdrängungsmechanismus funktioniert fast
　perfekt,
jedenfalls innerhalb der Grundstücksgrenzen.

Nur noch selten ereignen sich Zwischenfälle,
die mein Lebensgebäude ins Wanken bringen,
wie vor vielen Monaten,
als ein wildfremder Mensch

in polierten Lackschuhen
und hellem Staubmantel
Einlass in meine Hütte begehrte.

Er sah sich gezielt um
und stellte Fragen, wie aus der Pistole abgefeuert:
»Wo ist der Spülkasten für das Klo?«
Ich zeigte ihm den Eimer unter dem Wasserhahn,
in dem ich das Brauchwasser sammle,
um damit das Klo zu spülen.

Er holte bedeutsam Luft.
»Und wie lesen Sie abends ohne Lampe?«
Ich brachte ihm den Kerzenhalter aus dem
    Bücherregal.

Er rückte nervös an seiner Krawatte.
»Und wie waschen Sie sich?«
Es war Sommer, und ich führte ihn zu der schwarzen
    Kiste im Garten,
in der sich das Wasser auf wundersamer Weise,
ohne Kabel und Stecker,
ganz von selbst erwärmt.

Er kniff die Augen zusammen und zischte:
»Und wie bügeln Sie Ihre Wäsche?«

Beschämt besah ich meine nackten Zehen.
Sollte ich versuchen,

ihm zu erklären,
dass man die Wäsche nur etwas feucht
  zusammenlegen muss,
damit sie von selbst,
fast wie durch ein Wunder ...?

Oder dass die Tuareg in sauberen glatten Umhängen
  zum Fest erscheinen,
obwohl im Umkreis von 500 Kilometern keine
  Steckdose für ein Bügeleisen zu finden ist?

Ich verzichtete auf solche Ausführungen
und sah ihm herausfordernd ins Gesicht.

Sein Blick durchbohrte mich,
und seine Mündung schoss einen Satz ab,
der als irrsinniger Querschläger alle Wände und
  Gegenstände traf
und meine Hütte in ihren Grundfesten erschütterte.

»In welcher Welt leben Sie eigentlich?«

Die Dämmerung fand mich noch in tiefer
  Verwirrung auf dem Teppich sitzend vor.
Doch als ich die Kerze angezündet hatte,
erwachten meine guten Geister.

Otl Aicher wandt sich als Erster aus den Seiten.
Unsere Freundschaft begründet sich auf das »gehen

in der wüste«,und wenn es in Algerien wieder
   ruhiger ist,
werden wir zusammen durch den Wadi Miya
   wandern.

Henry David tauchte als Nächster auf,
den kennt ihr ja schon,
und Diogenes muss ich euch auch nicht erst
   vorstellen.

Zu vorgerückter Stunde
hatten sie mein Weltbild wieder zurechtgerückt
und lümmelten in ausgelassener Stimmung auf dem
   Teppich herum.

Otl Aicher rief immer wieder:
»optimieren ist minimieren!«,

und haute Henry auf die Schulter,
der deklamierte: »Vereinfachen, vereinfachen,
   vereinfachen!«

Diogenes hielt sich grinsend zurück,
im stolzen Bewusstsein,
dass er mit fast nichts ausgekommen war,
die Sonne auf die einfachste Art genutzt hatte
und sich energisch verbeten hatte,
dass die Obrigkeit in irregeleiteter Fürsorge
ihren Schatten auf ihn warf.

Das Aus für die Uhr
Vom maßlosen Umgang mit der Zeit

Es kommt drauf an,
wie man es sieht
und was man daraus macht.

Trotzdem ist es schlimm,
es tut weh.

Sie war bildschön gewesen,
gemessen hatten ihre gebläuten Zeiger
über der emaillierten Fläche
ihre Kreise gezogen.

Bestechend genau
war ihr mechanisches Werk gegangen,
in drei Wochen hatten ihr
nur zwei Minuten gefehlt.

Jeden Abend hatte ich sie
beim Schlafengehen
neben Buch und Kerze
auf dem kleinen Teppich
für die Nacht abgelegt.

Dort hatte ich sie
heute früh um sieben
vergeblich gesucht.

Ich habe dann ohne sie
das Haus verlassen
mit einem flauen Gefühl
im Magen.

Ich spüre noch
die verknüllte Zeitung
in der Hand.

Ich hatte wie immer
etwas Kerzenwachs
in das Papier gewickelt,
damit das Feuer
sich leichter entfacht,
und für einen Moment
hatte der Ballen
schwerer in der Hand gewogen
als sonst auf seinem Weg in den Ofen.

Aber dann hatte ich
noch einmal die Augen zugemacht
und hingebungsvoll
den Tropfen gelauscht.
Der Schnee taute vom Dach,
das hieß,
ein paar Minuten später raus,
kein Glatteis mehr auf den Wegen.

Als der Wasserkessel sang,
war es Zeit für den Kaffee.
Es folgte die Waschzeremonie,
ein Duett mit dem Radio beim Zähneputzen,
ein Tanz beim Anziehen –
und dann fand ich sie nicht,
nicht mit den Händen
und nicht mit den Augen.

In der Dämmerung kam ich heim
und suchte noch mal den Boden ab
um den Ofen herum,
bis ich sicher war,
dass ich sie nicht übersehen hatte.

Dann holte ich vorsichtig Luft
und machte die Ofentür auf,
zaghaft schoben sich die Finger in die Asche.

Bald lag auf der Hand,
was ich befürchtet hatte.

Matt und stumpf das Silber,
von Glas und Lederband nichts mehr,
das Ziffernblatt
nur noch zartes Pulver.

Aber die Zeiger gerade und deutlich,
zwanzig vor sechs war ihr Aus gewesen.

Gut,
nichts und niemand
ist unersetzlich.

Aber wer einmal
so ein mechanisches Schmuckstück
von einem Zeitmesser besessen hat,
ist von ihm besessen und verdorben
für alle quarzgenauen Plastikteile.

Meint er jedenfalls.
Soll er auch,
wenn's ihm guttut.

Die Frage stellt sich anders,
geht's nicht auch ohne?

Ohne den privaten Zeitmesser
am ganz privaten Handgelenk?

Denn überall,
wo wir pünktlich sein müssen,
sind eh Uhren.

Nur,
ich muss dort
pünktlich ankommen.

Zu Hause ist die Kirche nicht weit,
wenn man sie im Dorf lässt,
und selbst wenn der Nebel die Turmuhr verschleiert,
kann ich sie noch schlagen hören.

Wach werde ich von alleine
recht zeitig manchmal,
zur Sicherheit.
Ich gehe mit den Hühnern schlafen.

Das hat mir bisher nicht geschadet.
Ich verpasse zwar manches,
was das Volk am Abend beschäftigt,
aber im Winter kann ich dafür
morgens vorm Aufstehen
mit dem Orion flirten,
wenn er im Westen
durchs Sprossenfenster blinkert.

Das entschädigt mich
für manche Sternstunde
des vorangegangenen TV-Abends.

Und bald brechen sowieso
ganz andere Zeiten an
unzerhackte,
maß-los einfache.

Dann soll mir reichen,
dass es hell wird zum Wachen
und dunkel zum Schlafen,
weil sich der blaue Planet
mit mir um sich selber dreht.

Dass er mit Neigung
die Sonne umtaumelt,
bringt mir zuverlässig
nach jeder Runde den Frühling.

Genauer
will ich es dann
auch gar nicht mehr wissen.

Trotzdem
hätte ich gern wieder,
dass sie tickt.

Ohne Uhr, Handy, Navi und GPS:
Aus einem freien halben Jahr

Ausschnitte aus dem Reisetagebuch
»Winter in Kreta« 2001/2002

Heute ist der 25. September.
    Mein Hund kratzt die Tür auf und bringt einen Schwall eisiger Luft mit herein. Es hat geschneit heute

Nacht. Jetzt, gegen Mittag, liegen in der Wiese noch matschige weiße Flecken herum.

Ronja lässt sich auf das Schaffell vor dem Ofen fallen. Während mich noch sehr beschäftigt, dass vom letzten Schnee des vergangenen Winters bis zum ersten des kommenden Winters nicht einmal ein halbes Jahr vergangen ist, scheint sie nicht sehr beeindruckt. Als wir beide Anfang April aus Kreta heraufgekommen waren, hatte sie den ersten Schnee ihres Lebens noch verbellen müssen. Was da weiß und geräuschlos aus dem grauen Himmel herabschwebte, hatte sie entsetzt. Und fassungslos hatte sie mit ansehen müssen, dass ihr lauter Protest keinen Einfluss auf das stumme Schauspiel hatte. Mit eingeklemmtem Schwanz hatte sie in der Hütte Zuflucht gesucht.

So etwas kann ihr heute nicht mehr passieren. Sie hat sich daran gewöhnt, dass der Norden so manche Überraschung für einen kretischen Straßenköter bereithält. Nicht einmal trockene warme Erde gibt es hier! Entweder ist der Boden nördlich der Alpen grün überwuchert oder er ist zugeteert. Ja, in Kreta ...! – Na ja, heiß, staubig, steinig, wenn wir das so richtig in Erinnerung haben, nicht wahr? Sie wendet den Kopf ab.

Ich sehe aus dem Fenster in den nassen Garten. Das Umgraben und Versetzen ist vor zwei Tagen im Dauerregen stecken geblieben. Ich hatte schon gedacht, ich wäre diesmal bald dran mit dem herbstlichen Gartenaufräumen – und nun ist der Winter schon da?

Letztes Jahr hatte ich ihm ein Schnippchen schlagen wollen, und ich muss schon sagen, es ist mir fast gelungen! Anfang Januar hat er mir Schneeregen an die kretische Südküste hinterhergeschickt. Aber langsam, sigá – sigá. Alles muss seine Ordnung haben, nicht wahr? Der Weg in den kretischen Winter hat nämlich schon im letzten Sommer begonnen:

Packen

Am letzten Sonntag im August 2001 liegt morgens noch ein buntes Durcheinander im Kies vor meiner Blockhütte: Zelthaut und Gestänge, der dicke Schlafsack und ein Fell, ein Kocher, ein kleiner Beutel mit Kleidung, ein Mäppchen mit Werkzeug und eines mit Schreibzeug, Regenklamotten, Gurte, Bänder, Heringe ... all das soll irgendwie auf das Rad. Ob allerdings das, was da an der Schuppenwand lehnt, tatsächlich ein Reiserad ist, darüber ließe sich schon herzhaft streiten – oder besser lachen? Jedenfalls hat es viel zu kleine Laufräder, zwanzig Zoll, keine Schaltung und auch sonst nichts von alledem, was mensch heutzutage für unentbehrlich hält. Es ist nur so ein BMX, spartanisch, aber absolut robust. Rahmen, Lenker und Bremsen flößen mir unbedingt Vertrauen ein! Eigentlich rocken halbwüchsige Buben mit so einem Ding durch den Wald oder erschrecken damit ihre Oma, wenn sie auf dem Hinterrad daherkommen. Mit mehr als einem halben Jahrhundert auf dem Buckel habe ich natürlich nichts auf solch einem Rad verloren, und mit Akrobatik habe ich auch nichts mehr am Hut, aber ich sehe ihm an, dass es mich technisch auf einer Reise kaum im Stich lassen kann. Wir haben ja auch schon eine Testfahrt hinter uns: Letztes Jahr sind wir nach Bergamo gestartet – und auch angekommen. Auf dem Radweg durchs Rheintal hab ich mich von ein paar Rennradfahrern auslachen lassen müssen, die mit einem Panzerknackergrinsen und lautem »Harrharr« mein tapferes Gefährt bedachten. Auf dem Weg über den Septimerpass habe ich für ein paar Hundert Meter mein Gepäck auf den Rücken genommen und das Bici (Koseform von bicicletta) unter den Arm geklemmt. Da fand ich es schon fein, dass es nicht größer und schwerer war! Ob meine Panzerknacker es auch bis ins Café nach Bergamo geschafft haben? Ich hätte sie gerne dort auf einen Espresso eingeladen!

Eine lange Sattelstange hab ich dem Rädchen verpasst und einen edlen Ledersattel, Licht habe ich ihm angebaut und einen kleinen Gepäckträger über dem Hinterrad, der von einem Kinderrad stammt. Was da nicht draufpasst und sich nicht an den Lenker schnallen lässt, kommt auf den Rücken. Oder bleibt ganz einfach zu Hause. Punkt. So ist das. Na, dann fangen wir mal an! Stück für Stück schiebe ich alles in die Rollsäcke, klicke die Verschlüsse zu, gurte diese großen grauen Würste ans Rad, jammere ein bisschen um die eine oder andere nette Kleinigkeit, die wieder in die Hütte zurückwandern muss, und setze schließlich den kleinen Lederrucksack auf. Das Wasser ist abgestellt, die Post für die nächsten Monate zu einer guten

Freundin umgeleitet – ich ziehe den Schlüssel ab, laufe noch einmal um die Hütte, klopfe ihre dicken Balken, und als es mir ein wenig seltsam wird, ruf ich schnell »Tschüss!« und hau ab.

***

Ich übernachte in Thusis auf dem Campingplatz. Als ich morgens den Reißverschluss vom Zelt aufmache, kann ich gar nicht so recht ausmachen, wie spät es wohl sein mag. Alle Wohnwagen, die in diesem Föhrenwald versteckt sind, sind noch stumm und zu. Wasser und Autostraße dröhnen hinter dem Zaun unsichtbar vor sich hin. Es ist bedeckt, aber trocken, auch kaum Tau im Gras und auf der Zelthaut. Im Nachbarwohnwagen gibt es ein ungeschlachtes Riesenhundetier, hab ich abends noch kennengelernt. Sein Herrchen meint – oh, es läutet gerade sieben Uhr, da hab ich noch viel Zeit zum Packen –, diese Senta sei ein »Lagerungshund««, das sei kein Witz, sondern wirklich ein Fachbegriff dafür! So ein Hund läuft keinen unnötigen Meter. Es gibt doch wohl mehr als sieben Weltwunder! ...

***

Adria

Am nächsten Mittag halte ich Siesta auf einer abgelegenen Straße direkt auf dem Teer im Schatten eines Baumes. Ich vespere etwas Brot, Tomate und Zwiebeln, und auf dem kleinen Campingkocher blubbert die Espressomaschine. Es ist so ruhig und einsam, dass ich ganz ungefährdet, weil nicht zu übersehen, auf der Straße döse. Aber jetzt scheint die Mittagsruhe vorbei zu sein, schon das zweite Auto in fünf Minuten!

***

Nachmittags zieht der Himmel zu, und die Nachbarn meinen, das Fernsehen habe Regen gemeldet. Sie führen heute Abend heim, und wenn es regne, solle ich nur mein Rad und das Zelt unter ihr Vordach stellen. Ich habe den halben Tag verschlafen, Kopfschmerzen machen mich mürbe – gestern zu viel Sonne abgekriegt? Oder einfach der drohende Wetterumschwung? Ist eh gleich. Ich sortiere das Geld um, die Hälfte der Drachmen aus der Geldkatze in den Bauchgurt, ich werd sicher auf dem Schiff schon damit zahlen müssen. Es ist jetzt abends gegen acht. Ich lebe gerade eigentlich wie die Made im Speck: Mein Zelt steht trocken unter dem Vordach – es regnet nun schon drei Stunden ohne Unterlass –, und für eine Nacht besitze ich eine funktionierende Glühbirne, einen weißen Plastiktisch mit vier Stühlen und bin noch mit einem Pfirsich und einer Hand voll Trauben beschenkt worden. Aber in all dem Luxus wird das Leben ungeahnt schwierig: Bisher hörte der Tag schlichtweg auf, wenn es dunkel wurde. Heute hört er erst auf, wenn ich beschließe, das Licht auszuknipsen!

Ancona

Die ersten zehn Kilometer ist es trocken von oben, dann geht der Sprühregen los. Und in irgendeinem grauen Vorort von Ancona gerate ich auf die große Brücke der Stadtautobahn. Sie arbeitet sich stockwerkeweise zwischen Balkonfronten dem Himmel entgegen, und hoch über den Häusern erzittert sie unter den donnernden Lkws – da packt mich doch das Entsetzen! Ich klettere mit all meinem Ballast über die Mittelleitplanke und fahre wie der Teufel auf der Gegenfahrbahn wieder runter. Als ich dann durch schmale löchrige Vorortstraßen zum Hafengelände holpere, hab ich das Gefühl, als sei ich grad dem Sensenmann von der Schippe gehopst. War es wirklich so dramatisch, oder kam es mir nur so vor? Auf den Stufen einer Großmarktgemüsehalle schiebe ich mir als Frühstück eine Banane unter der triefenden Kapuze in den Mund, dann sortiere ich mich wieder in den Verkehrsstau ein. Da sind alle Zweiräder gut dran: bei jedem Ampelrot an allen Vierrädern rechts vorbei und bei Grün die Ersten!

Noch immer gießt es, dass es auf dem Pflaster Blasen wirft. Im Hafengelände krieche ich aus den Regenklamotten, drunter bin ich auch nass, halt vom Schwitzen. Mein Bici steht trocken vor mir in der Halle, ich schiebe es überall mit hin, weil ich es hier nicht abpacken kann, zum Stempel Holen am ANEK-Schalter, zum Klo. Ich bin ja so stolz auf dieses edle Zweirad! Bisher hat es nur ein neues Ventil gebraucht auf diesen 650 Kilometern bis zum Schiff nach Griechenland, sonst hat ihm nichts gefehlt. Und wenn ich auch manchmal denke, beim Schieben bergauf, eine Schaltung wäre schon nicht schlecht, ist das schnell vergessen, wenn ich irgendwo auf der Straße im Teer eingebacken ein kleines Ritzel entdecke, das irgendjemandem nun ganz furchtbar fehlt! Was mein Rad nicht hat, das kann es auch nicht verlieren.

Als die Fähre ablegt, ist es noch immer hässlich, und viele Leute, sogar junge, vermelden unerträgliche Kopfschmerzen, war also doch das Wetter. Das Schiff ist technisch ganz toll. Es schluckt die Wellen nur so weg mit seinem Stabilisatorenwerk, aber für mich sieht es gar nicht so richtig wie ein Schiff aus. Jedenfalls vorne, da kommt es mir vor wie eine konvexe, aufgepustete Hochhausfront.

Patras

Nachmittags sitze ich in Patras eine Weile mit meinem ganzen Krempel alleine vor dem sich leerenden Schiff herum, bis klar wird, dass ich die Einzige bin, die das Angebot »Bustransfer nach Athen« angenommen hatte. Ein großer, moderner Bus dreht eine weite Schleife auf dem leeren Platz, ich verlade mein Gepäck und das Rad und denke, dass er mich wohl in diesem Fall einfach zum nächsten Busbahnhof karren wird, aber nein. Der große Bus geht direkt auf den langen Weg nach Athen, und dem Fahrer ist deutlich anzusehen, für wie blöd er die Sache hält. Ich hätte ihm gerne beigepflichtet, wäre aber sicher nicht bereit gewesen, deshalb auszusteigen! An der ersten Tankstelle versorgt er sich mit Proviant – und bietet mir tatsächlich einen Keks an: »Ha?« (Willst'n Keks?) »Efcharisto«. (Danke.) Für den Rest der Strecke sind damit genug Worte gewechselt. Er hetzt die Autobahn entlang, dass mir Hören und Sehen vergeht. Von der grandiosen Landschaft bekomme ich nur sehr begrenzt was mit, weil ich so sehr mit meinem Beifahrertum beschäftigt bin: Ich muss das Bodenblech durchtreten, wenn er fast auf den Vordermann auffährt, während er beide Hände braucht, um sich eine Zigarette zu fischen und sie anzuzünden, und ich muss die Zentimeter zum überholten Lkw abschätzen, um meine Überlebenschancen auszurechnen. Er setzt mich mitten in Athen am ANEK-Büro ab, unweit des National Gardens.

Athen

Da steh ich also an einem heißen, stickigen Abend in dieser Millionenmetropole, die ich nur vor 32 Jahren einmal für zwei Tage gesehen hatte, belade mein Rädchen und frage vorsichtig den ersten Taxifahrer nach einem Campingplatz. Da hatte ich schon den richtigen erwischt, der mich nicht auslachte, sondern einen Weg wusste. Ich hätte einfach dorthin losradeln sollen, wo sein Arm hinwies, aber ich wollte mich rückversichern und noch nach anderen Möglichkeiten fragen wie Youthhostel, und so beginne ich eine stundenlange Odyssee. Am Ende, als mir schon recht mulmig wurde, nachdem ich eine billige, sprich für mich bezahlbare Absteige von innen gesehen hatte, voll Müll in den Fluren und mit weggetretenen Süchtigen in verdreckten Betten, komme ich an einer richtigen Jugendherberge an, und sie haben auch einen Platz frei. Dazu auch die Bestätigung, dass eine halbe Stunde in derselben Richtung der gesuchte Campingplatz liegt.

Seitdem bin ich in Athen, sitze immer noch in dem bienenstockartig wimmelnden Youthhostel in der Innenstadt. Täglich drehe ich zu Fuß oder mit dem Rad meine Runden, gehe ins Museum, schau in all die kleinen byzantinischen Kirchlein rund um den Hügel, auf dem die Akropolis thront, bummle durch den Flohmarkt, stöbere in den kleinen Läden der Plakagassen herum, die abseits der Touristenmeile liegen und poliere mein Englisch, wenn ich mich mit all den jungen Leuten hier im Haus beim Essen und auf dem Zimmer unterhalte. Gerade kommen wieder zwei neue Japanerinnen an und beziehen zwitschernd die Stockbetten über mir.

11. September 2001

Vorgestern, am Mittwoch, hatte ich bei meiner Morgenrunde in einer griechischen Tageszeitung, die ich ja nicht lesen konnte, ein Titelfoto gesehen: Das World Trade Center in einer Qualmwolke. Ich hielt es zuerst für eine Montage, bis ich beim Frühstück von dem Unglück hörte. Hab zuerst nur eine *Harold Tribune* bekommen und gestern dann eine *Süddeutsche*, die sehr ausführlich war und mir viele meiner Fragen beantwortete und Gedanken bestätigte. Dass diese Gebäude ein mögliches Objekt für Angriffspläne sein könnte, hatte sich ja 1993 schon gezeigt. Und dass es keiner Hightech bedarf, um diesem hochtechnisierten Organismus, dieser Stadt in Wolkenkratzern, den Garaus zu machen, ist wohl einfach so. Mit immer größerem technischen Aufwand wächst nicht automatisch die Sicherheit mit, unter Umständen vergrößert er nur die Katastrophe, wenn sie sich denn ereignet.

Piräus
Heute radle ich schon früh von der Jugendherberge los, ganz gemütlich im gemäßigten sonntäglichen Großstadtverkehr. Zehn Kilometer sind es bis zum Hafen in Piräus. Es ist schwül, morgens um neun schon dreißig Grad. Im Hafen liegen alle ANEK-Schiffe, die abends ablegen sollen, schon da, haben das große Fährenmaul zum Kai hin aufgesperrt und lassen sich in den grünen Rachen gucken. Aber sonst tut sich nichts. Ich lehne meinen vollbepackten Drahtesel im schmalen Schatten an die Wand eines kleinen Containerbüros und döse eine Weile bei halb offenen Augen vor mich hin, bis sich langsam eine Idee in meinem Hirn breitmacht: Ich müsste doch auch ohne Uhr am Handgelenk rauskriegen können, wann es Mittag ist! Wie baue ich hier eine Zwölf, hei – nun! Ich lege ein Steinchen an das Ende eines Schattens, den ein Eisenpfo-

sten wirft, einer von vier Kameraden, die mit einer roten Plastikschnur einem marmornen Gedenkstein Respekt in dieser profanen Umgebung verschaffen sollen. Immer, wenn ich aufstehe, lege ich ein neues Steinchen. So räume ich nebenbei den Platz auf, und es entsteht eine Linie aus Steinchen, die mehr oder weniger Abstand voneinander haben. Kleinere Abstände, als ich noch oft aufsah, weil ich noch unsicher war, welches denn nun mein Schiff nach Chania sein sollte. Ein größerer Abstand, als ich mich danach erkundigte und eine Käsepastete und eine Flasche Cola holte. Da zeigte die Uhr im Laden ziemlich genau zwölf Uhr. Aber an meiner Steinlinie zeichnete sich das nicht so ab, wie ich das erwartet hatte. Oder ist der Beobachtungszeitraum noch zu kurz? Ich hatte eine ästhetisch schöne Krümmung erhofft, eine ganz flache Parabel vielleicht, mit dem Scheitelpunkt zwölf Uhr. Abgesehen davon, dass der entsprechende Mathematikunterricht so etwa 35 Jahre her ist und ich da vielleicht ein paar Begriffe unsachgemäß verwende: Es kommt fast eine Gerade heraus, und die kürzeste Verbindung zum Fuß des Stabes ist gerade erst entstanden, vor Minuten, obwohl die Pause, in der es angeblich zwölf Uhr gewesen sein sollte, schon eine halbe Colaflasche und fünf Steinchen her ist. ... Oha, Sommerzeit! Damit hätten wir schon eine Stunde wettgemacht. Und vielleicht ist ja Piräus nicht gerade das Zentrum der osteuropäischen Sommerzeit. Ja, in den letzten Tagen in Athen hatte ich, obwohl wir schon fast Tagundnachtgleiche haben, den Eindruck, als ob es erst gegen halb acht richtig hell würde. Das wären also eine und eine halbe Stunde nach sechs Uhr. Sollte es demnach jetzt kurz nach halb zwei sein? Triumph, habe ein paar schicke junge Frauen hinter dem Zaun nach der Uhrzeit gefragt. Es ist dreizehn Uhr vierzig auf allen griechischen Uhren und doch High Noon am hohen Mittagshimmel, hei – nun!

Nun steht die Sonne schon tief – was mein Beobachtungsposten wohl macht? Ich hab ihn bald verlassen und mit einer Tasse griechischen Kaffees einen Schattenplatz erkauft, habe meine Theorien nicht weitergesponnen, sondern die Wolle für den Pullover. Das mag zwar aktuell bei vierzig Grad im Schatten nicht viel Sinn haben, aber wir wissen ja, dass die Erde sich nicht nur um sich selbst dreht, sondern weiter um die Sonne wandert. Der nächste Winter kommt bestimmt. Soll er sich Zeit lassen. Ich habe inzwischen einen schönen Aussichtsposten auf der Fähre. Sie heißt zwar nicht so, wie auf dem Ticket aus Deutschland vermerkt, hat aber exakt dasselbe vor. Zwischen den Schornsteinen und Radartürmen der Schiffe hindurch kann ich noch die cremeweiße Akropolis sehen wie eine ferne kleine Elfenbeinschnitzerei. Von dort bis hierher und weit hinein in die kahlen Hügel fressen sich die hellen Schachtelhäuser antennengespickt. An der Westseite des Hafens zieht sich auf der Innenseite des Zauns ein Zigeunerlager hin. Bunte Teppiche und Wäsche hängen in den eisernen Streben, der Hausrat stapelt sich vor den steinernen Fundamentstreifen. Zwei alte runde Mamas lagern auf Matten, auf ihnen balgen sich die Kleinkinder, zerren, schlagen, beißen, küssen; zwischen Liebkosung und Gewalttätigkeit kann ich nicht recht unterscheiden, wenn ihre weißen Zähne blitzen. Die Sonne wird rot. So kurz vor ihrem Untergehen im Westen spiegelt sie sich noch mal tausendfach in den Sonnenkollektoren auf den Dächern. Schon sind sie wieder blind. Dafür feuert im Osten noch eine Weile die oberste Fensterreihe einer Hochausetage. Es ist so gegen halb acht. Damit sind wir wieder bei unserem Licht- und Schattenspiel von heute Mittag. Und während sich die Passagiere zum Abendessen begeben, breiten die Zigeuner auf dem Teer auf Plastikbahnen ihr Nachtlager aus, der Jüngste schlägt noch ein paar übermütige Purzelbäume auf dem Teppich, während der Papa mit Bedacht den Radiowecker neben das Kopfkissen stellt. Das Schiff legt ab.

Kreta

Die Überfahrt ist absolut ruhig und unspektakulär, und gegen sechs Uhr morgens legen wir in Souda an. Es ist noch stockdunkel, aber warm genug, dass ich nicht frösteln muss. Während ich noch die Rollsäcke ans Rad gurte, rufen ein paar junge Japaner eifrig nach einem Taxi. Es soll sie sofort an die kretische Südküste bringen, damit sie vormittags noch das Boot nach Gavdos erreichen, für einen Tagesausflug an den südlichsten Punkt des alten Europas, dann schaffen sie abends wieder die Fähre zurück. Das gehört zu ihrem Europaprogramm, haben sie mir erklärt.

Die ersten Hähne krähen noch etwas verschlafen, und auf dem Weg vom Hafen in die Stadt setzen sich langsam die Berge vom Himmel ab. Ich schau mich ein wenig in Chania um und finde einen Campingplatz mit jungen Ölbäumen und einer felsig-sandigen Bucht ganz in der Nähe.

Hitze

Über das Datum scheine ich heute erhaben. Immerhin weiß ich, dass heute Mittwoch ist. Und dass ich an einem Dienstag letzter Woche in Paleochora angekommen bin, hat mir heute ein junger Mann in Anidri bestätigt, der irgendwo auf der Strecke von Chania über die Berge nach Paleochora dieses seltsame Rad mit Bergen von Gepäck und einer Frau mit Rucksack mit einem Schaffell dran hat bergabrollen sehen. Das kann dann eigentlich nur nach Flori gewesen sein, denn kurz nach diesem Ort war bei einem kleinen weißen Kreuz der Scheitelpunkt der Strecke, nachdem ich viele Stunden beim Bergaufschieben gedürstet hatte. Gluthitze Ende September, nachdem ich knapp drei Wochen zuvor am Splügen dem ersten Schnee entgangen war, indem ich feige einen Bus geentert hatte; Schlechtwetter mit Regengüssen und Gewittern hatte mich dann bis Ancona verfolgt. Aber seit der Balkan erreicht war, hielt sich das gute Wetter, in

Athen wurde es schon richtig heiß und in Südkreta saharisch.

Beim Bäcker hier, der sein Brot in dem Raum verkauft, in dem auch der riesige Ofen steht, hängt ein Thermometer an der Wand, das fast immer vierzig Grad Celsius zeigt, und es gab Tage in der letzten Woche, da konnte ich keinen Temperaturunterschied spüren, wenn ich von der Straße in seinen Laden trat. Ob ich wohl im Januar recht bedächtig die Münzen herauszählen werde, um die Wärme möglichst lange auskosten zu können, wenn draußen zwischen den weiß gekalkten Häusern der nasskalte Winter stürmt? Das Leben ist ein Experiment und dieser Winter sowieso.

Terminator

Seit einigen Tagen beschäftigt ein kleiner Hund alle Zelte. Er ist ein Mädchen, schlank, glatt, braun und vielleicht drei Monate alt. Er hängt sich immer an ein paar junge Wandersleute für etwas Futter und ein paar Krauleinheiten. Und wenn die dann wieder ihr Zelt abbauen und weiterziehen, sitzt er einen halben Tag ratlos und traurig schniefend herum – und heftet sich sofort dem Nächsten an die Fersen, ist dann gleich wieder ganz fröhlich, kobolzt durch die Gegend, zieht aus den Zelten Latschen und Handtücher heraus und schleppt sie triumphierend durch den Staub. Dann stapft wieder morgens ein verpennter Zottelkopf barfuß durch die Zeltstadt und fragt jeden: »Hast du den Terminator gesehen? Mein linker grüner Schlappen fehlt!« Ende Oktober ist der Platz leer, und es werden Giftbrocken für streunende Hunde ausgelegt, heißt es. Was wird dann aus dem kleinen Ding?

GPS

Abends stand ein Wohnmobil mit einer aufgeklebten Kamelkarawanenborte auf dem Platz. Es waren Schweizer, die schon etwa zehn Mal in Kreta waren – und auch immer wieder in Algerien und Libyen. Sie haben mich zum Reisnudeltopf eingeladen, und ich habe eine Melone zum Nachtisch mitgebracht. Und so saß man dann mal wieder unter kretischem Himmel am Libyschen Meer, war aber in den Gedanken und Gesprächen auf Weltreise. Auch Astronomie und Kartenmaterial waren Themen: Da fährt doch einer frühpensioniert im Urlaub rum und misst an jeder markanten Straßenkreuzung oder Geländemarke mit dem GPS nach und stellt dabei fest, dass das Koordinatennetz seiner Landkarte verschoben sein soll. Kann mir nicht so recht vorstellen, dass das stimmen soll und der praktische Nährwert dieser Übung scheint mir für einen Urlauber begrenzt, wenn auch für einen Topografen sicher erheblich. Ein Ausspruch seiner Frau, einer Musiklehrerin: »Ein GPS ist ein wichtiges Instrument. Es zeigt dir im Ernstfall ganz genau, an welchen Koordinaten du verdurstest.«

Am Nachmittag Kartenstudium, nach Tomatensalat und Blätterteigspinattasche. Für diese Blätterteigtaschen, ob mit Käse oder Spinat, sterbe ich! Diese

Meinung teilen die Ameisen mit mir: Was vom Tisch geblättert ist, tragen sie als große Segel davon. Ich muss morgen mal wieder wandern oder radeln, die Leckereien setzen an! Also mal nach Elafonisi? Bis zur westlichen Bucht, etwa acht Kilometer, geht eine Straße, danach laut Karte ein Teil des Wanderweges E4, aber schon von hier kann man bei klarem Wetter eine Piste erkennen. Ich könnte ja bis dahin radeln, das Bici an einen Baum binden und wandern, mit dem Boot zurück und das Rad am nächsten Tag holen? Die Pistenstrecke durch die Berge mag ich mir nicht antun, sie geht fast auf 700 Meter Höhe, und das, um einen Ort zu erreichen, der, wie der Ausgangspunkt, auf Meereshöhe liegt? Na ja ...

Hat mir doch keine Ruhe gelassen, wie der Westen wohl aussieht, da bin ich halt gleich ein Stück gefahren ...

Nun ist es später Nachmittag, und hinter mir liegt im wörtlichen Sinne die grausam zerpflügte Südwestkuppe Kretas. Sie haben wild Pisten in den Berg geschoben, deren Zusammenhang noch nicht recht zu erkennen ist. Sie enden samt und sonders vorläufig im Nichts. Da lässt frau dann ihr Rädchen liegen und wandert auf einem Ziegenpfad weiter, auf dem einem nach einer Weile ein roter Farbklecks sagt, dass hier auch Zweibeiner vorbeikommen. So kam ich dann auf diesen Aussichtspunkt. Vor mir liegt Elafonisi, dessen Zauber mir von hier aus noch verschlossen ist. Ich erkenne auch in dieser Ebene die Foliengewächshäuser, die schon vor dreißig Jahren die Landschaft von Almeria in Spanien zerstört haben. Aber wenn man nicht mit den Augen am Küstenstreifen klebt, kann man von dieser höchsten Erhebung Meer nach drei Himmelsrichtungen haben, ohne dass der Horizont zu erkennen wäre, Meer und Himmel gehen unklar verwischt ineinander über. Windgeräusche, aber kein Motor, kein Bellen, keine Düsenjäger ...

Ob ich mich morgen an den Rest der Strecke mache? Oder vielleicht nur bis zu dieser winzigen namenlosen Buch, die so tief da unten am Ende der neuen Piste lag? Keine Menschenseele am Ende der kretischen Welt, zeitlose Momente, die sicher in Elafonisi nicht mehr zu haben sind.

Am nächsten Morgen bin ich gegen neun Uhr am Zeltplatz gestartet und wollte ein Stück der Straße nachfahren, die ich auf dem Heimweg gestern mit der Ausschilderung »Elafonisi« in Gialos gesehen hatte. Die Karte zeigt hier nur Piste, aber bis jetzt ist es ganz neue Teerstraße, kaum befahren, mit »gutmütiger Trassierung«, wie sich der Radführer Kreta ausdrücken würde. Ich müsste kurz vor Agios Theodori sein, kann die Kirche aber noch nicht sehen.

Vor einigen Kilometern war direkt an dieser nagelneuen Straße, ohne jede Bebauung in der Nähe, ein winziger Unterstand aus ein paar Holzdielen und einer Plastikplane gebaut. Darin zwei Töpfe – für Futter und Wasser? – und ein angebundener Hund. Was steckt hinter so etwas? Einfach losbinden? Aber vielleicht ist er ja gefährlich, gebissen möchte ich nicht werden. Wer bringt seinen Hund in diese Einöde hinaus, sorgt aber für ihn mit Unterstand und Futter? Ich komme aus dem Grübeln nicht raus.

Aber hier sind endlich Vögel zu hören! Oft denke ich nach, was mir hier im Vergleich zu Nordafrika fehlt. Das sind sicher die Lerchen am Morgen, die Regenpfeifer bei bedecktem Himmel, die Frauen und Kinder auf den Äckern, und mancher Duft in der Luft, von Tieren, Blumen und Getreide. In Tunesien wurde oft unter den Ölbäumen noch Weizen oder Hirse angepflanzt, das gab auch der Landschaft mehr Farbe. Und Holzkohlenfeuer riech ich so gerne, gibt es hier nirgends.

Zwischen ein und zwei Uhr im Kafenion in Voutás.

Agios Theodori war ein »Fünfhäuser«. Kurz danach kreuzte eine Piste die Teerstraße, die geradeaus weiter nach Sklavopoula führte. Da bin ich rechts nach Azogires abgebogen, Piste bergab in Serpentinen. Ich hatte heute schon genug geschoben – schob ich halt weiter, bergab durch tiefe Rillen und über Steine. Das Tal, das sich öffnete, war viel grüner als alles, was ich die letzten Stunden gesehen hatte, war tief eingeschnitten und hatte im Grund ein dünnes, fließendes Gewässer!

Der alte Wirt von Voutás meinte, bis Sklavopoula sei auch von hier aus Teer, der Rest nach Elafonisi, etwa acht bis zehn Kilometer, sei schmale, schlechte Piste, nichts für Autos. So kam auch jenes Fahrzeug, das hier an der kleinen Kreuzung neben dem Cafe eine Weile gehalten hatte, weil die Fahrer in der Karte nach Elafonisi suchten, bald wieder zurück.

Der Wirt nickte dann bedächtig, so wie: »Hab ich doch gleich gesagt.«

Das Kaffeetässchen war eines wie alle hier, dickwandig und weiß wie die Espressotassen, der Henkel aber kein offenes Anhängsel, sondern voll, sieht aus wie ein Ohr. Das flößt mir Vertrauen ein. ich habe seit vielen Jahren nur noch Tassen ohne Henkel, weil ich sie immer abbreche. Nachdem ich Kaffee und Kekse bezahlt habe, frage ich den Wirt, was denn diese Tasse kosten würde, wenn ich sie in den Rucksack stecken wollte. Meine Griechischkenntnisse haben sich nicht über Nacht so gemacht, aber Pantomime hilft überall auf der Welt. Der Wirt schmunzelt unter seinem weißen Schnauzer, kriegt hundert kleine Falten um die Augen und macht die Hand auf: »Gib mir 200, dann gehört sie dir!« Ich wasch sie ab und steck sie ein. Er grüßt, schließt sein Cafe – und legt sich wahrscheinlich aufs Ohr zum Mittagsschläfchen, ist vorhin schon im Sitzen überm Geländer fast eingenickt.

Die Straße von Voutás nach Paleohora ist überwiegend alt und schmal und wenig befahren, ein oder zwei Dörfchen mit wenigen Häusern, von denen kaum eins an der Straße selbst liegt. Mir fallen dauernd Pausen ein, weil es hier so abgelegen und ruhig ist, es ist mir fast noch zu früh, in Paleohora anzukommen.

Ja, und dann kommt nach einer weiteren Schiebeeinheit plötzlich wieder diese linealgerade, tiefblaue

Kante in Sicht, nach einer weiteren Kurve die kleine Insel mit dem Leuchtturm drauf vor dem Hafen und die ganze Landzunge mit Paleohora. Aus einer Entfernung, aus der man keine rostigen Fässer, Drähte und Müll entdecken kann. Weiße Häuserkästchen übers Land gewürfelt, dazwischen Oliven, Feigen und Zitronen, eine Armee grüner Schirmchen salutiert dem glänzenden Meeresblau. Ist schon ein schönes Stück Erde!

November

Als es durch das Moskitonetz so aussah, als wollte es hell werden, bin ich mal im Hemdchen mit der Zahnbürste ans Meer – es sind ja vom Zelt keine fünfzig Meter, und wenn nur noch ein weiteres Zelt mit einem jungen Pärchen auf dem Platz ist, muss ich mich nicht in Schale werfen.

Ja, gerade ist die Sonne aufgegangen – nein: »Die rote Sonne war den Fluten entstiegen!«, das wird ihr eher gerecht! –, also schnell in die Hosen und zur Bushaltestelle gejoggt. Da hängt nämlich eine Uhr im Kafenion. Denn wenn ich morgen früh pünktlich ohne Uhr zum Bus nach Chania will, brauche ich einen zeitlichen Anhaltspunkt. Es war fünf nach sieben, als ich dort an der Haltestelle ankam. Also geht die Sonne kurz vor sieben auf, da habe ich von Sonnenaufgang bis Busabfahrt eine gute halbe Stunde.

Das Essen hab ich heute früh ganz vergessen, hab gleich so vor mich hin gepackt, beim Peter bezahlt und bin mit jeder Menge Umzugsgut – auch in einem Zelt sammelt sich in zwei Monaten einiges an – am Rad und auf dem Rücken durch den Ort gezogen. Auf meiner Terrasse angekommen, habe ich erst mal angefangen zu rücken und zu putzen. Das Wetter war genau richtig, fast schwarze Wolken kamen von den Lefka Ori herüber, also am Strand heute nichts zu verpassen. Hab alle gar zu schönen Bilder und Vorhänge abgehängt und in ein schauerliches Nachtkästchen versenkt, das ich dann ins leere Nebenzimmer geschoben hab, wohin bis zum ersten Regen auch der Riesenklotz von Eisschrank verschwinden soll, der noch draußen neben meiner Tür steht.

Hab das große Bett unters Fenster gerückt, damit ich mit Licht im Rücken lesen kann und auch von dort durch die offene Tür über die Terrassenmauer Berge und Meer sehen kann. Ach ja, das Zimmer liegt mit der Fensterseite zu einem kleinen Gässchen, die Tür geht auf die Terrasse mit MEERBLICK! Nun sieht man klarer: Weiße Wände, blaue Tür- und Fensterrahmen, wie es sich für ein Haus auf einer griechischen Insel gehört. Das kleine Wandtischchen ist mit der Nachttischlampe ein Schreibtisch geworden, ein paar Zeichnungen hab ich an den leeren Haken aufgehängt, auch den hölzernen Spazier- oder Hirtenstock und das Rucksackgestell. Und das schaurig schöne, ehemals weiße runde Plastiktischchen auf der Terrasse möge sich bitte unter dem filigranen Blümchen in der weißen Wand auflösen. Weil das Blümchen in jedem Glas nur am Rand hängen würde, als ob es ihm schlecht sei, hab ich mitten in den Deckel einer Filmdose ein Loch gebohrt, den Stängel durchgesteckt und das Döschen mit Wasser drin wieder zugemacht. Einfach genial, finde ich, die neue Situation beflügelt mich! Nach zwei Monaten Zeltleben wieder mal feste Wände um sich zu haben, das sollte man nicht unterschätzen. Also bis zum 15. März kann ich hier hausen, dann geht die Saison wieder los, und die Preise steigen etwa auf das Fünffache! Jetzt sind sie aktuell auf dem Niveau der täglichen Zeltplatzgebühr.

Oh, es ist so schön hier! Da klatschen die Wellen an die Felsen und der Vollmond hängt zwischen meiner Wäsche an der Leine. Marias Mutter sitzt häkelnd in der offenen Tür – ein paar Stufen unter meiner Terrasse –, während sie zwischendurch über ihre Brille nach der Glotze schielt: Da läuft doch tatsächlich Big Brother auf Griechisch!

Regen

Hab bei offener Tür geschlafen, aber nur die halbe Nacht. Als ich einmal wach geworden war, konnte ich nicht mehr einschlafen. Der Mond war so hell, aber vom Zimmer aus war nicht zu sehen, wie hoch er stand, dass ich hätte erahnen können, wie spät oder früh es ist. Ich wusste nicht, ob ich noch mal richtig schlafen durfte, also hab ich vor mich hin gedöst und immer wieder einen Blick auf die Berge geworfen, hinter denen es hell werden musste. Dann hörte ich ein leises »Tick« hier, ein dumpfes »Klack« dort, dann etwas eiliger »Tick – tick – klack – tick«. Da war ich auf den Beinen und hab die Wäsche abgehängt. Schon hat's gepladdert. Der erste Regen seit acht Monaten, was werden sich die Kreter freuen!

Aber wie schade für meine Freundin, die jetzt in irgendeinem Hotel in Heraklion schläft und von Sonne, Sand und Meer träumt! Aber bis zum Morgen kann ja alles schon wieder vorbei sein. Dann bin ich doch noch eingenickt, und beim nächsten Blick zur Tür war der Himmel eindeutig heller. In die Hosen und eine Uhr suchen, bei dem wolkenverhangenen Himmel kann ich mich nicht auf einen Sonnenaufgang verlassen. Im ersten Laden, in den ich durch das Schaufenster schielte, war es sieben Uhr zwanzig, aber das sagt hier gar nichts, vielleicht noch die alte Sommerzeit von letzter Woche? Das Nächste war eine Bank, doch sicher seriös genug? Acht Uhr, nein, da lass ich's nicht drauf ankommen. Zurück durch die Pfützen gehüpft, fertig angezogen, Schlafsack in den Beutel gestopft, kleiner Rucksack war schon gepackt. Tja, und dann war es doch erst halb sieben, als ich im Kafenion an der Haltestelle ankam, auch eine Bank kann in Kreta den Beginn der Winterzeit verschlafen. Nun ist noch genügend Zeit, ich werd mir einen Kaffee bestellen und noch ein wenig Tagebuch abschreiben. Wie der Bus mit laufendem Motor vor sich hin stinkt, es nach Kaffee mit Kardamon, Diesel, zuckerwasserweichen Keksen und Mottenpulver riecht, wie verknautschte Gesichter mit einer Zigarette im Gesicht im Halbschlaf über den Tischen hängen und vor sich hin brabbeln, tauchen ungefragt Bilderfetzen von türkischen Busbahnhöfen von vor über dreißig Jahren auf.

***

Und wieder so ein herrlicher Morgen! Die Sonne steigt aus dem Libyschen Meer und zündet die Küste an. Rot leuchten die Felsen auf. Im gekräuselten Wasser tuckert ein Fischerboot zum Hafen. Eine Herde Schäfchenwolken zieht nach Afrika. Da muss der Mensch doch poetisch werden!

Man ist fast geneigt, an dem Bauschutthaufen rechter Hand und dem Müllcontainer linker Hand etwas Liebliches zu entdecken. Gut, den Blick wieder ein paar Grad angehoben, sind wir wieder beim Meer, den Bergen, der Sonne, den Wolken, dem Fischerboot. Der Glückliche ist doch sicher der, der die günstige Auswahl trifft, wenn seine Wahrnehmung zu hemmungslos am Werke ist!

Chania

Der städtische Gartenarbeiter ist mit der Kettensäge unterwegs. Er frisiert die Palmen. Sie sind erst mannshoch, und er lässt ihnen nur einen spärlichen Wedel. Hellgelbe Schnittstellen erzählen, wie mächtig die Krone vor Minuten noch prangte, so wie nach dem

Herrenfriseur im Sommer ein heller Rand zwischen der neuen Frisur und dem gebräunten Teint von der soeben gefallenen Mähne spricht.

Hab meinen Besuch zum Flieger gebracht. Auf der Heimfahrt von Chania bin ich acht Kilometer vor Paleochora an einem Kafenion ausgestiegen, das ein Manolis betreiben soll, der Tavlibretter macht. War leider geschlossen, sei aber abends immer ab fünf Uhr offen, erzählten die Nachbarn. Sie baten mich in die Küche, da saß ich bei Vater und Mutter; ihr Sohn, still, wie aufs Stühlchen gebunden, rührte sich so wenig wie die Oma am Herd, dafür trällerte ihr munteres Töchterchen mit zwei Kanarien um die Wette. Bin im Regen von dort heimgelaufen. Sie hatten mich mit Fettgebackenem und einem Glas Wein abgefüllt, mir war danach so wohl, bin vor mich hin getrottet, die Beine fielen bergab von allein in einen leichten Trab, und ein kleiner Ohrwurm, den der Kanari verursacht hatte, suchte sich durch den Mund den Weg ins Freie.

Strand

Sonnig, windig, 25 Grad

Der Himmel blau, nur etwas weiße Watte bauscht sich über den Lefka Ori. Bekleidet mit einer Lesebrille, das letzte Ricola mümmelnd, sitze ich fast alleine am Wasser. Hinter den nächsten Felsklötzen sonnt sich ein Pärchen, ein Stück weiter hocken zwei Mädchen und vespern, am Ende der Bucht ein Angler auf den Felsplatten im leuchtend roten Hemd.

Abends auf der Terrasse ist die Luft feucht. Die Papiertüte, in der die Kekse stecken, das Schreibheft, die Briefe, alles Papier ist weich und lappig. Die Wattewolken vom Nachmitttag sind jetzt grau und platt, sind den Lefka Ori von den Köpfen auf die Schultern gerutscht.

Ein guter Tag heute, dieser Tag. Wieder allein. Heute am Strand, da war ich so ganz ungestört, ungeteilt aufmerksam, da ist alles gleich wichtig. Ich lag dort im feinen Kies in einer wunderbaren, kleinräumigen Steine-Wasser-Himmel-Landschaft. In jeder Lage ein anderer Ausblick: Zwischen zwei rauen Klötzen ein schmaler Ausschnitt dunkelblauen Wassers neben der rechten Schulter; in Rückenlage tiefes Blau mit kleinen Federwolken, zarten Zirren; weiter der Nase nach unten ein flacher Klotz mit vielen kleinen Löchern, wie ein erstarrter Schwamm; davor ein braunes Knie, mit einem Oval von kleinen Kieseln beklebt, glitzernde Salzkristalle an den Härchen; in Bauchlage neben dem linken Ellbogen ein grünes Steinchen, geschliffene Glasscherbe, kaputtes künstliches Material. Von Wasser und Sand bearbeitet, wird es ein kleines Kunstwerk für sich, gleichwertig allen geschliffenen Steinchen, die hier am Wasser im Sand zu Hause sind.

Ein guter Tag, dieser Tag. Wieder Übersichtlichkeit in allem, was ich tu und denke. Aufgeräumt in Schrank, Zimmer und Seele, geordnet der Haushalt, die Sinne. Wieder ein wenig körperliche Anstrengung, wieder einmal am Tag richtig Hunger vor dem Essen.

Seit dem Umzug war ich das erste Mal wieder auf dem Kastell zum Sonnenuntergang. Keine Menschenseele, nur feuchtes Gemäuer und Pfützen. Die Sonne ließ sich ruhig und unspektakulär ins Meer gleiten.

Sonntag
Und wieder ein Sonnenaufgang. Vor Minuten noch glühten alle Schleier vor dem blass türkisfarbenen Himmel. Nun hat sich alles in weiches Gold aufgelöst, und SIE erscheint, ein wenig platt noch, gold und rotgelb geschichtet – kaum hat sie sich um Daumesbreite vom Horizont erhoben, darf man sie nicht mehr ungestraft unentwegt ansehen. Das Meer ist nicht glatt, aber ruhig. Weit oben am Himmel die ganz schmale Sichel! Noch zwei Tage bis Neumond. Und jetzt legen die Kirchenglocken los! Die griechischen, sie klingen ganz hell und haben es immer eilig. Es ist Sonntag in Paleohora.

Sonnenuntergang. Das Meer ist so glatt und still, dass sich getrost der Horizont auflösen kann. Der ganze Tag war so ruhig und schön gewesen. Der Sommer scheint zurückgekehrt, aber nicht der kretische, der glutheiße. Es war einfach nur warm und windstill und Sonntag dazu. Die Frauen allen Alters zogen schwarz gewandet, mit blanken Schuhen und gehäkelten Umhängen in die Kirche. Die Männer alle, vom möchtegerngroßen Buben bis zum buckligen Opa, frönten der Jagdleidenschaft. Wer's gemütlich nahm, schultere die Angel und hockte sich auf die Felsklötze am Meer, die anderen luden Hunde und Knarre auf den Pick-up und jagten zum Ort hinaus. Da standen sie dann als lebendes Denkmal gebannt auf dem nächsten Berg. Gut, auch still und irgendwie auch aufgeräumt. Schießen hab ich's kaum gehört heute. Waren wohl auch die Hasen heute zum Sonntag in der Kapelle zum heiligen Franziskus? Aber sicher nicht, der ist ja ein Italiener. Auch das Meer in Ruhe. Nach dem heftig bewegten Wasser der letzten Tage atmete das Meer in langen kräftigen Zügen. Ein langwelliges Heben und Senken nahm die Schwimmer mit in große Höhen und zog sie in blaue Wassertäler hinunter. Von dort war dann nur noch der Himmel zu sehen. Das Küstengebirge hatte der wandernde Wasserberg mit seinem breiten Rücken verdeckt.

Einfach

Bei Sonnenaufgang achtzehn Grad, windstill, dünne Schleier am Himmel, Sicht vier Landzungen nach Osten, Gavdos, schmale Mondsichel über mir, letzter Tag vor Neumond.

Es scheint ein Ritual zu werden, zumindest, wenn es trocken ist: Sobald der Himmel ein wenig grau wird und dann die ersten zarten Farben zu sehen sind nach der schwarzen Nacht, sitze ich im Schlafsack auf der Terrasse und muss mir die Livevorstellung »Sonnenaufgang« reinziehen. Es ist jeden Tag das Gleiche, aber wirklich jeden Tag anders, es wird nie langweilig. Der Fischer tuckert um diese Zeit seine letzte Runde. Nachher, wenn ich zum Bäcker gehe, sitzt er an der Anlegestelle, den Fang hat er in einer kleinen Holzkiste schräg an den Bordstein gelehnt, daneben steht die kleine Waage: Schon ist der Laden fertig. Ist alles verkauft, geht er schlafen. So einfach geht das hier.

***

Heute war der Bagger schon bei Sonnenaufgang munter. Die alte Christini lugte verschlafen im Nachthemd aus der Tür nach dem Rechten und ging, vor sich hin brummelnd, wieder schlafen.

Ein Reiher hatte sich heute auf einen der kleinen Felsen im Meer vor dem Haus verirrt. Dafür machten ihn zwei Möwen madig, die hier das Hausrecht haben. Eine Weile versuchte er es mit Weggucken, drehte den Kopf gen Himmel, besah sich dann seine Krallenfüße, aber es half nichts. Unter höhnischem Geschrei musste er das Revier räumen.

Beerdigung
Christini hat heute länger geschlafen, ist dann vom Nachthemd gleich in das gute Schwarze, nicht das alltägliche, geschlupft und hat die schwarzen Nylons angezogen: Also ist Beerdigung oder Jahrtag. Da treffen sie sich alle, der Ort ist klein genug, dass jeder jeden kennt. An den Lichtmasten kündigen DIN-A4-Zettel an: Der Manolis ist achtzigjährig von uns gegangen. Beerdigung ist dann und dann, steht dort, mit einem

goldenen Palmzweig geschmückt. Sie machen sich aus allen Türen auf, schwarz flatterndes Geflügel, gestikulierend vor den kalkweißen Häuserfronten. Mittags kommen sie rotbäckig und entspannt und mit der einen oder anderen Süßigkeit in der Hand zurück. Damit füttert Christini mich dann. Heute reicht sie mir ein verpacktes Krokantstückchen von ihrer Terrasse auf meine herauf. – Ich glaube, ich muss die griechischen Häuser erklären: Es gibt hier keine Flure wie bei uns, alle Zimmertüren führen direkt nach draußen. Geht Christini also vom Schlafzimmer aufs Klo oder in die Küche, so geht sie schon durchs Freie, auf ihrer Terrasse. Auch mein Zimmer und zwei weitere leer stehende münden, wie auch das Bad, auf eine Terrasse, also ein Wohnzimmer unter dem Himmel, das ein paar Stufen über Christinis liegt. Ein kommunikativer Baustil!

Puh, abends auf dem Heimweg zwölf Grad!

Gewitter

Gegen Morgen waren Meer und Himmel in Aufruhr! Am Abend zuvor hat das Wetter umgeschlagen, es war schlagartig ganz lau geworden. Da sind sich wohl zwei Fronten ins Gehege gekommen dort oben. Ich bin jedenfalls aufgewacht, weil es in einem fort blitzte, ohne recht den Donner abzuwarten, der dann genauso ungeordnet daherkam, ein andauerndes Gegrolle aus dem schwarzen Himmel, der hektisch immer wieder aufflammte und das wilde Meer beleuchtete. Da sollte man wohl Angst kriegen, aber mich packt dann nur die schiere Begeisterung ob dieser Entfesselung der Naturgewalten. Dass der Mensch da nicht auch noch hineinpfuschen kann, dieser Triumph ist sicher auch noch dabei!

Schnee

Gestern war es nass, windig und dreizehn Grad kalt, als ich gegen 21 Uhr heimkam. Hatte den ganzen Tag Kopfweh gehabt und die Nacht schlecht geschlafen. Hab so die Sonne am Morgen verpasst. Als sich die Wolken verzogen hatten, ein wenig Blau freigaben und dafür silberne Ränder bekamen, machten sie die Bühne frei für die Lefka Ori: Der erste Ausblick auf die kretischen Berge im Schnee! Ein wenig Puderzucker nur, aber auch der erste Berg östlich von Sougia hat etwas davon abbekommen. Fremd sehen sie aus, die bisher nur in der Hitze glühten oder sich in nasse Wolken hüllten. Das bisschen Weiß, »es putzt«, wie ein weißer Kragen am Sonntag.

Mit dieser Sensation und dem Sprachführer in der Hand – chioníso = schneien! –, springe ich zu Christini hinunter, die sich im Nachthemd, das kennen wir ja schon, abmüht, den Fensterladen mit einem Marmorbruchstückchen zum Stillhalten zu zwingen. Die lacht und gackert ihr Griechisch vor sich hin, von dem ich noch kaum ein Wort verstehe, aber ihre Hände und ihr Gesicht haben auch etwas zu sagen: Ach, Mädchen, das ist so weit weg, und in deinem Pullover – sie zupft an meinem Ärmel herum – musst du sicher hier unten nicht frieren! – und macht sich für den Sonntag zurecht, weil sie gleich zur Kirche will. – Und dann ist auch schon die ganze weiße Pracht im nächsten Hagelschauer verschwunden.

***

Zwei Tage hatten wir Schirokko. Erst kam er trocken und warm aus Südosten. Als er einige Stunden das Meer aufgewühlt hatte und sich die Gischt der Brecher mit der Luft vermischt hatte, sprühte er Salznebel über die Stadt, der in alle Häuser kroch. Heute Nacht hatte er nachgelassen, und aus dem Dröhnen der Brandung war ein gleichmäßiges Rauschen großer Wellen geworden. Die Luft war wieder ruhig und trocken. Kleidung und Schlafsack, vom salzigen Sprühnebel wie welke Blätter zusammengeklatscht, föhnte der Morgenhauch warm und trocken.

Musik
Plakate an den Türen der Geschäfte: ein schöner langhaariger Grieche im schwarzen Seidenhemd mit einer edlen Geige im Arm. Oh, Kultur an diesem entfernten Ende Europas! Klassische Musik in einem Konzertsaal oder eine weihnachtliche Aufführung in einer Kirche? Ich konnte nur entziffern: Samstag, 01.12.01, Kandanos, acht Uhr. Hab einer Freundin davon erzählt, und wir wollten uns das beide nicht entgehen

lassen! Wir fuhren um fünfzehn Uhr dreißig mit dem letzten Bus nach Kandanos, siebzehn Kilometer in die Berge auf der Straße nach Chania. Dort oben auf 400 Metern war es – nein, nicht frisch, richtig kalt war es. In den Lefka Ori hatte es wieder frisch geschneit gehabt, an der Küste war's halt nasskalt bei dreizehn Grad Celsius, drinnen und draußen, aber hier oben in Regen und Wind ein ganzes Stück hässlicher.

Wir haben die Stunden bis zum Abend in einem Kafenion abgesessen, das einen Heizkörper hatte. Und auch hier oben verfolgte uns der träumerisch-sehnsuchtsvolle Blick des lockigen Geigers von Dutzenden von Plakaten. Gegen sieben Uhr haben wir uns in Richtung Veranstaltungsort aufgemacht, zu einem großen Betonsaal mit hohen Alufenstern und Neonbeleuchtung, der zum »Gesundheitszentrum« von Kandanos gehört. Er war noch fast leer. Ein paar Leute vom Ort versahen die rohen Tische mit Papierdecken und stellten Plastikteller mit Äpfeln und Maroni drauf und Rotwein und Raki, abgefüllt in ausgedienten Plastikwasserflaschen.

Wir durften uns schon setzen und bekamen gleich ein Schnapsgläschen geschenkt, mit einem aktuellen roten Aufdruck über diese Veranstaltung und den guten Raki von Kandanos, dem dieser Abend geweiht war. Denn jetzt ist die Zeit, in der alle Kreter ihren Schnaps brennen. Dafür hatten sie vor dem Eingang ein großes Holzfeuer entfacht, auf dem ein großer Kupferkessel mit einem seitlichen Rohr thronte. Und der Schnaps war auch die einzige Heizung an diesem Abend hier in den Bergen, gut, dass wir alles angezogen hatten, was im Rucksack zu finden war. Meine Freundin hockte in ihrem lila Regenmantel über dem roten Pulli und dem langen schwarzen Fransenrock und ihren roten Turnschuhen auf dem kleinen Holzstühlchen, die Füße auf dem ersten Zwischensteg, die Hände in den Ärmeln verstaut. Vorhin hatte sie sie eine Weile draußen, zum Vespern und zum Mundharmonika Spielen. In beidem ist sie gut: Sie brachte einen »Zwiefachen« zustande, der Oma und Opa am Nachbartisch rote Bäckchen machte, aber es klang doch etwas exotisch in den kretischen Bergen. Und dann kam der Meister! Er flog in einem langen schwarzen Mantel ein, mit fettigen langen Haaren, etwas beleibt für die jungen Jahre, aber behände und flink. Ein paar flotte Artigkeiten aus dem schief gezogenen Mund, der sich zwischen Lächeln und ernster Geschäftigkeit nicht recht entscheiden mochte, wedelte auch geschwinde an unserem Tisch vorbei, um die Damen mit Handschlag persönlich zu begrüßen – und dann begann das Aufbauen! Zweistöckig stapelten seine drei Mannen Plastikkisten, auf die sie zweistöckig die Boxen wuchteten, beidseitig eines Tisches, der, mit einem abgewetzten Sisalläufer verkleidet, an diesem Abend die Bühne gab. Vier Stühlchen, ein Standmikro und ein Mischpult hatte er zu tragen, dazu vier Musiker mit Instrumenten: auch ohne Erdbeben schon eine wackelige Angelegenheit!

In der ganzen Aufbauaktion flitzte der Meister in seinem langen Mantel herum und legte selbst Hand an, fuhr sich immer wieder in die Haare, warf zackig den Kopf zurück, machte ein Späßchen und schielte auch gleich nach der Wirkung. Aber als er nach der Geige griff – überschneit mit Kolofonium und mit E-Anschluss an Kabeln hängend –, um am Mischpult nach der richtigen Einstellung herumzuschieben, da hatte mein Spotten ein Ende: Der kann spielen – wie ein Zigeuner! Er stemmt die Geige nur gegen die Achsel, wieselflink hämmern die Fingerkuppen auf die Saiten, die Töne sitzen, von kurzen exakten Bogenstrichen abgenommen. Dann setzt er kurz die Geige ab aufs Knie und singt eine schmachtende Frage in den kalten leeren Saal, lacht und feuert seine Männer an, Gitarre, Pauke und Busuki fallen ein, und das Stück galoppiert davon wie die wilde Jagd. Die alten Leutchen am Nachbartisch reißt es mit, der Raki in der Plastikflasche zappelt, weil der Tisch Tritte ans Bein kriegt.

Gut, das war nur die Probe, jetzt geht's erst mal ans Stärken. Langsam füllt sich der Saal, und Musiker und Gäste essen und trinken, laut und deftig, und gegen zehn geht's dann richtig los. Die Teufelsmusik fetzt, und dazu tritt eine Jugendgruppe in Kostümen auf, Jungs und Mädels aus Kandanos. Die Mädchen in stark farbigen langen Röcken und gestickten Westen, die Buben in schwarzen Hemden, braunen Pluderhosen und schwarzen Stiefeln. Unter dem Fransenstirntuch, das schon der Opa trug, leuchten rote Backen, glitzern Zahnspange und Brille. Der Vortänzer gibt Einlagen zum Besten, die wie ein einarmiger Schuhplattler aussehen. Bald sind die hohen Fenster beschlagen, und kalt ist's keinem mehr. Alle wollen tanzen und stecken den Musikern Scheine und Zettelchen zu, Wunschmusik, und dann hängen sich Brüder und Freunde zu einer Reihe zusammen, und auch die kleinen Dickerchen von Nesthäkchen reißen sich die Beine aus, um vor dem Publikum zu bestehen. Unsere Tischnachbarin, die wie wir vom reichlichen Essen zu platzen droht, füttert uns mit Apfelschnitzen, gebratenen Kartoffeln und Fleischstückchen von ihrer Gabel und ihr Mann fordert uns mit Zuprosten zum Trinken auf.

Ich hätte es noch lange ausgehalten, obwohl schon Mitternacht vorbei war, was so gar nicht meine Art ist, aber meine Freundin wurde ungemütlich. Der Taxifahrer, der ihr zugesagt hatte, auf Anruf zu kommen, ließ ausrichten, dass er keine Lust habe zu fahren. Da stellten wir uns an die Straße, und nach fünf Minuten hielt ein kleines blaues Auto mit der wuschelköpfigen Fotografin, die erzählte, dass sie für die lokale Zeitung da gewesen sei, die Ausgabe könnten wir Freitag kaufen. Das werde ich zur Erinnerung auch tun, denn das Plakat, das ich auf dem Heimweg von der Apotheke abmontiert habe, ist ja doch etwas sperrig. Es hängt vorläufig vor dem hässlichen Schrank, da tut es ein gutes Werk und harrt des Vergleiches mit dem aktuellen Foto aus der Zeitung. Aber wir seien zu Recht begeistert von diesem Mann, klärte uns die Reporterin auf, er sei ein großer kretischer Star!

Poli krio

Es ist kalt. Auch die Einheimischen schnattern: »Poli krio« sei es, sehr kalt. Christini hebt das schwarze Kleid, um mir zu zeigen, wie viele Unterröcke sie drunter angezogen hat. Die junge Frau auf der Post meint, normalerweise gebe es nur im Januar ein paar solcher Tage. Man müsse jetzt die Tür zumachen, und das gebe es hier wirklich nicht oft. – Nun, ich lasse meine tagsüber noch offen und stecke die Füße in den Schlafsack, ich mag auf die frische Luft und den Blick auf die Südküste mit den Schneehauben nicht verzichten. Die letzte Nacht habe ich schlecht geschlafen, hab gefroren und Gliederschmerzen gehabt. Hab mich wohl mit dem ausschweifenden Nachtleben der Musikveranstaltung in Kandanos übernommen auf die alten Tage. Ich werde es merken.

Kaufrausch

Heute wollte ich nur Kaffee kaufen im Supermarkt, heraus kam ich mit 300 Gramm frisch gemahlenem griechischen Kaffee und einem hölzernen Segelschiffchen – kann mir jemand sagen, was das soll!? Eine Frau jenseits der fünfzig ist entzückt von einem Dreimaster im Sonderangebot und nicht in der Lage, der Versuchung zu widerstehen! Nun steht er dekorativ auf meinem eh zu kleinen Schreibtisch herum, und ich weiß schon heute, dass ich ihn im April verschenken muss, weil er die Heimreise nie überleben würde.

Teppich

Teppich hüpft und jodelt, Teppich gibt Vorstellung. Teppich wedelt, dass sein ganzer Körper sich windet: Teppich zeigt, dass dieses Seil, an dem er nun hängt, seine ganze Hundeglückseligkeit ist: Teppich hat ein Herrchen!

Teppich ist mir schon nachgelaufen, als es die paar Tage so hässlich war. Er hat sich an jeden gehängt, der an der »Kreuzung-der-vier-Kafenions« vorbeikam. Seit ein paar Tagen hatte ich ihn nicht mehr gesehen, diesen beigen Mopp auf kurzen Beinen, der vor lauter Fell kaum aus den Augen sieht. Einmal meinte ich, er hätte es sein können, der da um ein junges amerikanisches Pärchen herum hüpfte wie ein Tennisball, hinten am Strand Richtung Sougia. Eine Österreicherin hatte noch am Abend, ehe sie nach Wien abfuhr, gesagt: »Guckt auch nach dem Teppich, dass er über den Winter kommt!« Und heute Morgen sehe ich ihn an einer Leine, hopst um einen Bauarbeiter herum, der sich immer wieder bückt, um ihn zu streicheln, und der seiner Lebendigkeit kaum Herr wird.

Geplauder

Übrigens, Teppich ist ein Mädchen. Ich habe mich gestern Abend auf dem Heimweg mit ihr unterhalten, als sie ohne ihr Herrchen unterwegs war. Manchmal bereue sie inzwischen ihre Bindung, die sei halt zu wörtlich der Fall, wenn sie den ganzen Tag an der Baustelle an der Leine hänge, während all die alten Streuner aus dem wilden letzten Sommer am Strand auf ihren Runden zu den Müllhaufen vorbeikämen. Heute hab ich sie mittags wieder allein in der Stadt getroffen – ob sie und ihr Herrchen ein ernstes Zerwürfnis haben?

Aufsehen
Heute Mittag hat mich Teppich über zwei Stunden auf dem Weg zum Strand und zurück begleitet, sie hatte gerade nichts Besseres vor, als sie mich an der Promenade traf. Trockenbrottest negativ: Sie wird also wohl gefüttert. Hab sie auf dem Heimweg an die Baustelle ihres Herrchens geführt, sie hat ihn freundlich begrüßt, wollte aber nicht mit rein, ich habe mich dann verdrückt. So gegen vier am Nachmittag war größeres Aufgebot an Polizei, Marine und Schaulustigen am Anleger, auch das Fernsehen war da: Erst brachte die Küstenwacht fünf Männer in Handschellen, die gleich nach Chania transportiert wurden. Dann brachte die »Selino« mehr als fünfzig illegale Einwanderer aus Sougia an Land, die aus Iran/Irak kommen sollen, andere sagen, aus Syrien. Die abgeführte fünfköpfige Mannschaft habe sie an der Südküste nach Griechenland einschleusen wollen. Sie wurden in die Stadthalle gebracht für die Nacht, am nächsten Mittag war dort wieder alles leer.

Hundstage

Teppich scheint sich mit Unterstützung ihres Kurzzeitherrchens bei mir einzuquartieren. Ich hatte sie gestern wieder zur Baustelle gebracht, nachdem sie mich beim Supermarkt aufgegabelt und hartnäckig begleitet hatte. Dort hatten sich die beiden wieder freundlich begrüßt, dann hat er sie mir hinterhergeschickt. Bis zur Terrassentreppe ist sie neugierig mit, hat dann aber postwendend umgedreht. Herrchen hat sie fürs Wiederkommen geknuddelt und sie dann aber lachend übers Terrassenmäuerchen gelupft. Dann ist sie geblieben. Nun lässt sie sich Stück für Stück die Filzklonker rausschneiden, damit ich sie überhaupt anfassen mag. Ans Maul werde ich später gehen, da ist das Fell mit harten Teerbatzen verklebt. Zurzeit sieht sie aus wie ein Löwe: An Rücken, Bauch und Beinen ist das Fell schon kurz, um Kopf und Oberkörper sitzt noch ein dicker Kragen. »Sigá – sigá«, meint auch das Herrchen, schließlich sei es »krio«, kalt, aber so sei sie »oräa«, eine Schöne.

Eine Nacht hat sie unter dem Schreibtisch auf Karton geschlafen. Morgens kam Christini nach zwei Nächten Panareia in Voutás zurück und war gar nicht begeistert von ihrem neuen Untermieter. Aber als sie das Frisörwerk gesehen hat, das mit der Nagelschere entstanden war, hat sie eine große Schere gebracht: damit es schöner wird oder damit es schneller geht und der ungebetene Gast verschwindet? Wir bauen auf Zeit und gutes Benehmen. Wer weiß auch, was dieses Tier vorhat, es lässt geschlossene Tür nur nachts gelten, tags muss es auf die Gasse zu den Kumpels. Heute Abend sind wir aus meinem Lieblingskafenion geflogen, weil ein Gast sehr laut darauf bestand, dass Hunde draußen bleiben. Der kleine Yannis, der Gaston, hat die Schultern gezuckt, gestern war ja alles o. k. gewesen. Im Musikkafenion hatte auf meine Anfrage keiner was gegen einen kleinen weißen Hund unter dem Tisch. Nachdem ich noch zweimal die Tür aufgemacht hatte, war Teppich sicher genug, dass sie notfalls raus könne, und hat sich auf meinen Füßen schlafen gelegt, nun kann ich mich an die ersten Weihnachtsbriefe machen!

***

Eine stumme Nacht. Kein Windgeflöte, kein Regenträufeln, kein Wellenrauschen. So ungewöhnlich still, dass ich immer wieder davon aufwache.

***

Abends erleben wir wieder einen Fast-Rausschmiss, da sich in Griechenland wohl Kafenionbesuch und Hund nicht vereinbaren lassen, auch nicht, wenn der Eigentümer des Kafenions selbst stolzer Besitzer einer kalbsgroßen schwarzen Dogge ist!

Wachhund

Der kleine weiße Wischmopp hat sich das Bleiberecht verdient: Christini hört ja nicht mehr so gut, und so hätte sie einen ungebetenen Fremden, der sich auf ihre Terrasse geschlichen hatte, nicht bemerkt, wenn nicht dieser Vierbeiner sich lautstark ereifert hätte. Das Bellen war auch für sie nicht zu überhören, der Eindringling war gestellt, und die lebendige Alarmanlage bekam am Abend einen gekochten Schafskopf als Prämie und Anerkennung. Es war noch alles dran, die Augen schauten glasig aus den Höhlen, mich hat es geschaudert, der Hund war begeistert!

Kostas

Vor drei Tagen waren eine Schweizerin, der Kölner und ich bei Kostas: Die Eidgenossin hatte vom Sohn des alten Mannes, den sie pflegt, ein Hühnchen bekommen, ich etwas Gemüse dazu gekauft, und beim »Fisherman« haben wir in seinem Häuschen auf dem Holzofen eine dicke Suppe draus gekocht. Kostas, der mit Angel und Harpunen fischt, spielt den Clown im Ort, tanzt für die Kinder, jault für die Hunde und ruft Damen jeden Alters Komplimente nach. Sein winziges gemietetes Häuschen, das aus einem Zimmer mit Bett, Tisch, zwei Stühlen, Schrank und Eisschrank und einer »Klo-Abstellkammer-mit-Spülstein« besteht, hatte er schwer aufgeräumt und sogar ein Räucherstäbchen angezündet. Das Radio schepperte so laut, dass das Fenster klirrte, und der Ofen war so heiß, dass das Rohr glühte, das auf Umwegen durch eine kleine zerbrochene Scheibe über der Tür ins Freie führte. Es war sehr eng und laut, die Luft voller Rauch und Hühnersuppe und griechischer Musik, ein gelungenes Fest!

Schneeballschlacht
Und nichts ist so schlecht, dass nicht noch etwas Gutes dran wäre: Als sich im Küstenstädtchen die Nachricht breitmachte, dass es nicht nur im Fernsehen, sondern in einiger Höhe über dem Ort wirklich greifbaren Schnee gab, fuhr gleich einer mit Pick-up und Schaufel hoch, lud von der weißen Pracht auf seinen Wagen und bereitete den jungen Leuten vor den Kafenions den königlichen Spaß einer Schneeballschlacht!

Euro
Pünktlich zum 1. Januar hatte jeder Geldautomat seine Euros parat gehabt. Schon drei Monate vorher war jeder Artikel in den Supermärkten doppelt ausgezeichnet gewesen. In Drachmen und Euro, es konnte sich also jeder in Ruhe darauf einstellen. Und davon überzeugen, dass alles mit rechten Dingen zuging. In den nächsten Wochen sah man in den Banken Schlangen alter Männlein und Weiblein aus den Bergen ihre gehüteten und gehorteten Drachmenbündel in den schwieligen Händen knautschen. Misstrauisch, aber ins Schicksal ergeben, trugen sie ihre Schätze an die

Schalter, wo man ihnen die nagelneuen fremden Scheine dafür gab, die sahen schon frischer als die alten Lappen aus, aber es waren so wenige, die man dafür bekam!

Morden

Die Hunde muss man jetzt an die Leine legen, wenn sie dem Frühlingswahnsinn nicht erliegen sollen: Jedes Jahr um diese Zeit wird Gift ausgelegt, der erste »Altstadthund« ist Anfang der Woche verendet.

Diese Woche hab ich gedacht, dass ich Anfang März nach Gavdos gehe, mit Zelt an einen Strand. Aber an einem Morgen wie heute, mit Nordwind, finde ich es in einem Zimmer mit Kafenions und Freunden um die Ecke viel gemütlicher!

Kleine Fische

Gestern hatte der Kölner die Norwegerin und mich zum Fisch eingeladen. Er war mit Haris zum Angeln gewesen, erstmalig in seinem Leben. Es waren alles diese kleinen Fische, wie sie täglich am Anleger frisch verkauft werden. War fein, mit Salat und Reis. So hab ich mich heute nach dem Joggen mal getraut, mit einer Tüte und etwas Kleingeld in der Hand zu fragen, was es dafür so gibt.

Der Fischer im gelben Zeug hat diese komischen neuen Euros ein paar Mal in seinen schwieligen Pratzen umgedreht und mir dann grinsend ein paar Handvoll Fische in die Tüte gepackt, mehr als ich essen könnte, es waren über zwanzig winzige silbrige Leiber. Die Hälfte habe ich Christini gebracht, die mich wieder dauernd mit Kleinigkeiten beschenkt, seit sie zurück ist, mal mit zwei frischen Eiern, gestern mit einem Kuchentellerchen voll Kohl und Kartoffeln in viel, viel Öl. Nun reicht sie für die frischen Fische ein Colafläschchen voll Olivenöl übers Mäuerchen, zum Braten. Die Fischchen sind über alles eineinhalb Zeigefinger lang, und man kann sie ganz, ohne sie auszunehmen, braten. Anders ging es ja auch gar nicht, man bräuchte für diese Arbeit eine Lupe! Den Reis bekommt man in Plastiktüten frei abgewogen, das Kilo für 0,91 Euro. Gemüse ist zwar nach dem harten Winter teuer geworden, aber für unsere Verhältnisse ist es immer noch günstig und frisch – man bedenke, dass es erst Februar ist. Von den gut zehn kleinen Fischchen, in Mehl gewendet und in Olivenöl gebraten, war ich pappsatt, auch ohne was dazu, und weil ich keine Zitrone hatte, hab ich Orangensaft draufgeträufelt, auch nicht schlecht! Die Braterei fand auf dem kleinen Campingkocher in der offenen Badezimmertür statt, wegen Wind auf der Terrasse. Der Hund hat die Köpfe gekriegt!

***

Auf dem Heimweg von Anidri hab ich heute Nachmittag ein Glas guten Honig mitgebracht, soll es mit Katzenfutter wiedergutmachen, Geld wollte die Imkerin nicht. So habe ich noch einen Schafsjoghurt und ein Brot gekauft, das war ein herrliches Abendessen: Joghurt mit Honig, mit Brotstücken gelöffelt! Dabei fallen diese Tonschalen als Geschirr ab, in denen wird der Joghurt verkauft. So bin ich doch langsam beim guten einfachen kretischen Essen angekommen. Von dem Schreibtisch sind inzwischen alle Bücher und Schreibutensilien verschwunden, es haben sich Öl in Flaschen, Tomaten, Gurken, Zwiebeln und Petersilie in Tonschalen darauf verbreitet, ein Holzbrettchen mit Brot und Taschenmesser, eine Wasserkaraffe, ein Holzlöffel und ein Kerzenhalter. Das ist wohl auch richtig so, was soll der Mensch sich theoretisch in Buchstaben verkünsteln, wenn die tatsächliche Nahrung ihn so erbaut.

Die überwinternde Eidgenossin erzählt heute von vier verendeten Katzen um ihr Haus herum. Wenn ich meine, dass mein Tier mich gekränkt anschaut, weil ich es auch auf der Terrasse an die immerhin sehr lange Leine lege, dann sag ich ihr: »Mädchen, da draußen lauert der Tod, gerade an diesen herrlichen Müllbergen, aus denen du dir bisher dein Überleben gesichert hast! Diese Welt ist schlecht und ungerecht! In der Freiheit warten Hunger und Tod, im goldenen Käfig die Langeweile und die Sehnsucht.« Dafür machen wir weite Märsche, bis zu drei Mal täglich, zum Ausgleich für die Leine. Ohne die wäre sie inzwischen trächtig bis tot. Ein hartes Land für kleine Hunde!

Und draußen stürmt der Nordwind bei blauem

Himmel, dass ein großes Schiff im Windschatten der Bucht Zuflucht gesucht hat. So viel Wind um den Kopf macht ganz irre und schusselig, da lernen wir mal trotz Sonne drin, so viele schöne Steine haben auf den Blättern gar nicht Platz, dass die Zettel nicht davonfliegen und noch was drauf zu lesen wäre.

Gewalt
Ja, wir sind wirklich wieder in der griechischen Zivilisation zurück: Wenige Minuten und etwa 150 Meter nach dem letzten Eintrag hat ein Betrunkener mein »Skilaki« (Hündchen) mit dem Fuß gekickt, dass sie geflogen ist. Das Geräusch, als er sie in die Rippen trat, geht mir bis heute Morgen nicht aus dem Ohr. Nicht, dass sie ihn vielleicht geärgert hätte, nein, sie hat ganz einfach seinen Weg gekreuzt. Dabei musste er noch einen Zwischenhüpfer einlegen, um sie so satt zu treffen, so weit war sie noch weg. Ich habe ihn angebrüllt, in Zorn und Schrecken natürlich auf Deutsch. Als er gelacht hat, hab ich ihn mit der Leine auf sein Hinterteil gehauen, leider sicher nicht kräftig genug, dass er es im Suff auch gespürt hätte, dafür war wohl auch die Hemmung zu groß. Aber als seine Kumpels auf der anderen Straßenseite im Cafe gelacht haben, wollte er auf mich los. Da habe ich wieder gekeift, das solle er nur tun, ich ginge gleich zur Polizei! Bei diesem internationalen Stichwort hat er abgedreht. Ich hoffe sehr, dass er das nicht vergisst! Ein Weg zur Polizei hätte natürlich gar nichts gebracht, dort sitzen auch nur

griechische Männer, die hätten dann mich ausgelacht, aber dieses Wort wirkt manchmal Wunder, und ich hatte in diesem Moment wohl eins nötig.

Fliegende Händler
In Prodromi, einem richtigen kretischen Bergdorf, stand gerade ein blauer Kastenwagen. Seine Hecktüren standen offen und gaben die Sicht auf einen kleinen – ja, Basarladen möchte ich sagen – frei. Darin stand der Händler, der alles an Waren dabeihatte, was ein Krämerladen auf dem Dorf brauchen würde, vom Besen bis zum Kartoffelschäler, vom rosa Unterrock bis zur Wollmütze. Zwei alte schwarze Weiblein waren beim Einkaufen. Eine wollte ein Paar neue Schuhe erstehen. Den Fotoapparat mochte ich nicht rausziehen, das erschien mir zu indiskret. So habe ich mein Skilaki an einen Baum gebunden, mich selbst zum Vesper drunter niedergelassen – es gab Joghurt mit Honig aus einem Marmeladenglas und Brot dazu und Wasser – und diese Vorstellung als Zuschauer genossen. Ein Stück Illustrierte haben sie in den Staub gelegt, und darauf hat die alte Lady den blinkenden neuen linken schwarzen Schuh gestellt, die Freundin hielt ihr den Ellenbogen. Ja, schön sei der Schuh, aber vielleicht ein wenig eng, am kleinen Zeh, da drückt es etwas! Was machen wir denn da, die nächste Größe? Dann ist er zu lang! Wenn ihr ihn eine Weile tragt, wird er schon weiter werden. Was kostet er denn? Habt ihr denn so viel dabei, in Euro? Gebt diesen Blauen

da, der ist recht. Nein, den aus der linken Schürzentasche meine ich ... Hätte ein Foto das alles wiedergegeben?

Kapelle

Außerhalb von Prodromi auf dem Weg nach Asfendiles steht an einem Hang, wo die Piste eine Kehre macht, eine winzige Kirche, vielleicht drei mal fünf Meter groß, nur ein kleines weißes Haus mit einem roten Dach, die geschnitzte Holztür ist so niedrig, dass ich mit meinen 165 Zentimetern mich bücken muss, will ich mir nicht den Kopf anhauen. Das winzige Loch in der Apsis ist nicht verglast, und es zieht erfrischend durch. Altes Holz, Weihrauch, Öl und Mörtel, es riecht deutlich nach allem, woraus der Raum besteht. Die Wände voller Fresken, rechts, in der größten Fläche, kämpft Georg mit dem Drachen, jede weitere Deutung muss ich mir aus den Fingern saugen, ich bin nicht bibelfest genug.

In Platanes hat die Piste die größte Höhe erreicht. Hier fließt erstaunlich viel Wasser – und es gibt ganz neue Stromzählerkästen an jedem Haus, auch an unbewohnten Ruinen und an der Kirche im Friedhof! Energieversorgung gesichert bis in alle Ewigkeit, Amen!

Daumensprung

Eigentlich mache ich mich gerade an den Futurformen der griechischen Verben zu schaffen. Andererseits ist es früher Abend, die Sonne steht schon sehr niedrig, macht lange Schatten in den Bergschluchten, das Meer ist ganz still, glatt wie ein Spiegel und hält den Atem an. Ich hab die Füße aufs Terrassenmäuerchen gelegt und probiere ganz aus Jux und Tollerei, wie groß der Unterschied ist, wenn ich für den Daumensprung mit der großen Zehe peile statt mit dem Daumen: Setze ich an der Landzunge vor Hora Sfakion den Daumen an, treffe ich mit dem Sprung weit hinter das weiße Fischerboot dort draußen. Setze ich den großen Zeh an, reicht es nicht mal bis zum Boot.

Gavdos scheint heute zu schweben, die Wasseroberfläche ist so glatt und hell, dass die Horizontlinie verschwunden ist. Die Steilküste im Westen ist nur um diese Zeit zu sehen, wenn die Abendsonne sie waagerecht anleuchtet. – Hoppla, das lange schwarze Hemd macht einen 1-a-Überschlag an der Leine! Eine Abendbrise? Von spiegelglattem Meer kann keine Rede mehr sein, kleinkraus aufgerauht, und Gavdos ist verschwunden. Die Berge haben den rosa Schein verloren, sind stumpfgrau versteinert.

Rückkehr

Am späten Nachmittag kamen wir in Steinhausen an: Die Sonne schien durch die Sprossenfenster, es war warm und trocken in der Hütte, sie duftete nach Holz, Wolle und Lavendel – und ich stand mitten in dem vielen Urlaubsgepäck und wusste überhaupt nicht, was ich anfassen sollte. So haben wir noch zusammen ein Abschiedsessen gekocht.

Es brauchte einige Tage, bis ich anfing, »die Dinge in die Hand zu nehmen«, sprich: den zugewachsenen Weg zu grasen, auf- und auszuräumen, die Beete anzulegen. Zuerst musste ich einfach alle Leute besuchen, und wenn ich morgens zum Einkaufen nach Schussenried gelaufen war, kam ich oft erst abends zurück, weil sich ein Wiedersehensschwätzchen an der Straßenecke zum Kaffeetrinken erweitert hatte.

Teppich heißt nun endgültig Ronja. Das haben wir einem türkischen Teenager zu verdanken. Sie sitzt täglich viele Stunden auf den Stufen vor der Tür und wacht. Sobald in der Nachbarschaft morgens die Rollläden hochgezogen werden, geht sie auf ihre Begrüßungsrunde, und ab drei viertel acht sitzt sie vorn im Kies und wartet auf die Kindergartenkinder. Sie hat viele kleine Sonnen- und Schattenplätzchen im Garten, kennt die Schussenquelle zum Saufen und Abkühlen auf dem Weg zum Einkaufen und scheint meine Hütte als ihr Zuhause akzeptiert zu haben.

Zurzeit denken wir beide nicht ans Reisen, zu Hause ist gerade alles neu und wunderbar.

Oktober 2011

Letztes Jahr waren wir wieder in Paleochora – diesmal mit Zug und Schiff. Das Bici kam erst auf der letzten Etappe von Chania nach Pale zum Einsatz, schließlich bin ich inzwischen zehn Jahre älter, Rentnerin, mehrfache Großmutter und habe außer der Zeltausrüstung noch zwölf Kilogramm Hund im Gepäck.

Diesmal fuhren wir nicht in den Winter, sondern in den Frühling. Der Zauber der ersten Begegnung war verflogen, und Finanz- und Wirtschaftskrise legten sich trüb über die Badestrände. Die Kreter mochten gar nicht glauben, dass die Urlauber ausbleiben würden.

Das ganze Städtchen war eine Baustelle: Eine Fußgängerzone sollte entstehen, wo sich seit eh und je Fußgänger und Karren mit und ohne Motor den Weg geteilt hatten.

Der alten Christini bin ich in einem modernen Supermarkt begegnet. Ein paar Tage drauf habe ich ihre Tochter getroffen, in heller Aufregung, weil sie nun mit einem Armbruch im Krankenhaus lag, just als die ersten Gäste zu Ostern erwartet wurden.

Ein paar Tage legte die Aschewolke aus dem isländischen Vulkan den europäischen Flugverkehr lahm. Die wenigen Urlauber am Strand zerfielen in zwei Fraktionen: in die Verzweifelten, die keinen Weg sahen, pünktlich ihre Arbeitsstelle zu erreichen – und die Begeisterten, die ja gerne pünktlich zur Arbeit heimgekehrt wären, wenn die höheren Naturgewalten sie nicht hier festgehalten hätten. Als Rentnerin ging mich das alles nicht wirklich etwas an, aber Unterhaltungswert hatte es ja schon.

Anfang Mai fand ich vor dem Campingplatz, im Baumschatten abgestellt, eine Gemüsekiste mit zwei kleinen Hundegeschwistern. Sie haben mich den Rest des Aufenthaltes auf Trab gehalten. Für die Heimfahrt brauchten wir vier Tage auf dem Land- und

Seeweg, inklusive Streik. In Oberschwaben haben sie beide gute Plätze gefunden, und die alte Ronja ist froh, dass wir sie wieder los sind. Das wilde Gebalge ist ihr schrecklich auf die Nerven gegangen, aber die Eifersucht war noch schlimmer.

Der elfte September war letzten Monat im Radio wieder ein großes Thema gewesen, und der Krieg in Afghanistan ist nach zehn Jahren immer noch nicht zu Ende. Griechenland steht wirtschaftlich und finanziell am Abgrund.

Straßenhund Henry lebt nun in Spanien, und das Füchschen jettet mit Herrchen zwischen Köln und Ibiza hin und her. Ronja und ich haben einen weiteren Winter im Süden verbracht, in einer Jugendherberge in Djerba, mitten in einem arabischen Städtchen. Sonst waren wir im Winter immer zu Hause in unserer Blockhütte. Auch dieses Jahr haben wir Vorräte angelegt. Brennholz und Kartoffeln lagern im Keller, Hasel- und Walnüsse auf dem Dachboden – und jetzt kümmre ich mich um den Garten. Es ist Anfang Oktober, und auf dem Feldberg hat es schon geschneit.

Schluss

Diese analoge Zelle im digitalen Urwald gibt es nun schon über zwanzig Jahre. Und so lange haben immer wieder irrlichternde digitale Elemente versucht, sich einzuschleichen und dauerhaft Fuß zu fassen.

Ein Laptop hat drei Monate durchgehalten, aber als alle Texte überarbeitet waren, wurde es zur Ausreise überredet. Ein Handy hat es auf zwei Jahre gebracht, ehe es den Rückzug angetreten hat. Das Internet hat es gar nicht erst probiert.

Nur eine kleine Digitalkamera hat sich regelrecht eingeschmeichelt, nicht zuletzt weil sie so ein feines Makro hat, mit dem sich sogar Grashüpfer in der Wiese porträtieren lassen! Sie ist heiß geliebt, darf immer mit auf Reisen und holt sich ihre Energie bei Familienbesuchen nachts aus einer Steckdose.

Und nach drei Jahren sieht es nun ganz so aus, als ob sie sich ein dauerhaftes Bleiberecht erworben hat.

Ihr verdankt dieses Buch seine Farbbilder.

Reisen und Hausen

Mit dem Aufräumen ist das so eine Sache:
Hat es geklappt,
hast du wieder Ordnung,
mehr Platz
und ein gutes Gewissen.

Hat es nicht geklappt,
hat es meist einen Heidenspaß gemacht,
der Saustall ist größer als vorher,
aber du hast einen Schatz gehoben
und ein paar Stunden darüber die Welt vergessen.

Gut,
der Saustall ist auf dem Dachboden
und geht keinen was an.

Aber neben mir auf dem Teppich
liegt ein kleiner Karton.
Zwei Jahre ist es her,
ich hatte ihn aufgeräumt,
sehr erfolgreich,
er war unauffindbar.
Manches verkehrt sich ja ins Gegenteil,
wenn wir es übertreiben:
Man kann eine Schraube so lange festziehen,
bis sie sich butterweich durchdrehen lässt.

Dann fällt dem Vorderlicht vom Fahrrad,
das vorher bei jedem Schlagloch
nur kummervoll genickt hatte,
der Kopf ganz auf die Brust.

Vertiefen müssen wir das aber nicht,
bei diesem Beispiel kann es bleiben.

Die philosophischen Aspekte
könnten sich zu Büchern auswachsen.

Zwei Oldtimer ... Ein gepflegtes altes Klapprad ist ein angenehmer Begleiter für eine Seniorin auf Zugreise.

Ein kleines Blockhaus verwittert in einem wilden Garten.

Wie traditionelle Wohnräume im Nahen und Fernen Osten kommt es ohne Sofa, Tisch und Stühle aus.

Im alten Motorsegler kann man auch heute ganz entschleunigt die Landschaft (hier Federsee und Bad Buchau) aus geringer Höhe betrachten.

Nach einem Frühlingsguss findet sich der Dom von Florenz in einer Regenpfütze wieder.

Im Sommer bin ich auf allen vieren in meiner Wiese unterwegs – mit der Kamera auf der Jagd nach Grashüpferporträts. Zum Glück ist die Hecke dicht und hoch!

Begegnung in *Venedig*: Was beobachtet der Schmetterling mit seinen Facettenaugen, wenn er so kopfüber an meinem Finger hängt?

Türkis und tintenblau leuchtet das Meer in der Morgenfrische – kleine namenlose Bucht an Korfus Westküste.

Ich setze mich auf
und sammle ein paar Nussschalen zusammen,
die von der nachmittäglichen Näscherei
auf den Dielen liegen geblieben sind.

Wie sieht das aus,
wenn einer kommt.
Ins Feuer damit,
Ordnung muss sein.

Der Wasserkessel fängt an zu singen.
Ich stehe auf und gieße heißes Wasser
zur Lauge in den Holzbottich.

Dort schwimmen Hemd und Hose.
Ich stauche sie etwas beim Händewaschen,
den Rest erledigt die Zeit für mich,
die Zeit lasse ich ihr.

Schon recht finster in der Hütte.

Draußen vor dem Fenster
ist es noch eine Spur heller.
Das Licht steht in milchigen Quadraten
zwischen den Sprossen.

Der Kirchturm hat sich
in der Novembernieselsuppe aufgelöst,
der Pflaumenbaum ist noch da.

Im Straßenzustandsbericht heißt das:
Sichtweite fünfzig Meter,
fahren Sie vorsichtig!

Im Mühlweg kein Thema,
Straße haben wir nicht.

Über der Buchenhecke
wandert das Kopftuch der Nachbarin
zum Hühnerstall.
Falle zu.

Dann quietscht die Tür
zum Verschlag mit den Hasen,
und das Kopftuch macht sich wieder
wippend auf den Weg zum Wohnhaus.

Die Haustür fällt ins Schloss,
das Licht geht an,
der Rolladen knattert eine Salve –
und die prächtige Blautanne vor dem Fenster
ist quer gestreift.

In dieser Verkleidung muss sie nun strammstehen,
bis das Fernsehprogramm zu Ende ist.
Samstags kann das dauern.

Ich zünde die Kerze an.
In der Nähe der Flamme
blühen warme Farben
aus dem Dämmergrau.

Klar:
Ich wollte an diesem Wochenende
ein paar Briefschulden abarbeiten,
aber Papier ist geduldig,
sicher auch in diesem Sinne.

Ich drehe den Karton um:
Reisetagebücher.

Schon in grauer Vorzeit
waren die Menschen immer unterwegs:

Schritt für Schritt von Beere zu Beere;
auf dem Pfad durchs Dickicht zur Falle;
eine Bogenweite durchs Schilf zur erlegten Ente.

Für die Nacht
machten sie Lager
auf Laub und Gras
am würzigen Feuer
unter dem Himmel.

Sie hatten leichten Schlaf
wie das Wild.
Ein Knacken im Unterholz,
ein Lufthauch im Nacken:

die aktuellen Nachrichten
dieser Nacht aus der Savanne.

Heute wohnen wir im fünften Stock
in Würfeln mit Gucklöchern,
Tag für Tag,
Jahr für Jahr
Windstille bei zwanzig Grad.

Mit sanftem Brummen
nehmen uns die Kabelwesen
jede Bewegung ab.
Nur der rechte Zeigefinger
ist noch im Training.

Aber für ein paar Wochen im Jahr,
da brechen wir aus,
da verlässt der Gezähmte den Käfig

und geht auf Achse

in einem Wohn-mobil,
um seiner Wohn-ung zu entfliehen,
ohne sie zu entbehren.
So ein Ding hatten wir uns geleistet,
und rollten darin Richtung Südwesten
auf glatten Teerbändern dahin.

Etwa bis Gibraltar
hing unser Sinnen
ganz verliebt
an dem neuen Gefährt.

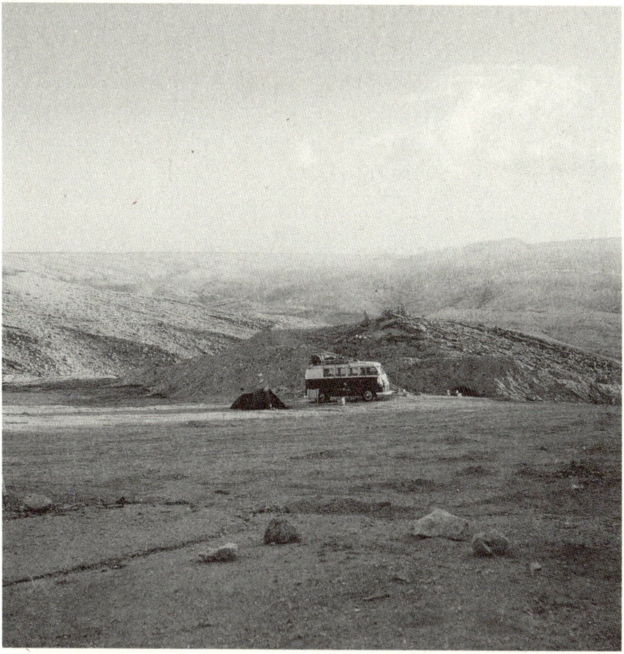

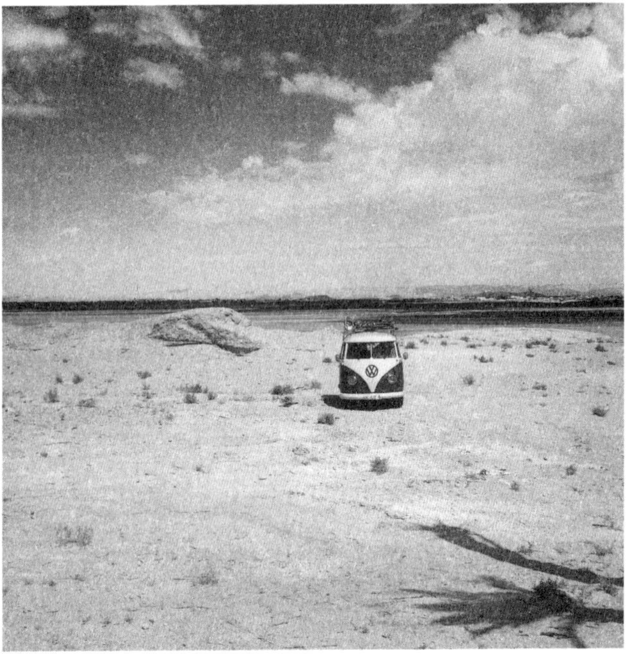

Bis irgendwo in den Atlasketten
das Interesse an ihm einschlief
– oder blieb es auf der Strecke? –,
und die Sinne erwachten
an den Ufern der Sandmeere.

Da saßen wir
an irgendeinem Junimorgen
und waren alle fünfe
ganz entrückt:

Sand,

rosa
violett
orange

Sicheln
Wellen
Bogen.

Sand ohne Ende
und am Horizont
eine gedachte Linie:

Algerien.

Als der nächste Winter vorbei war,
rollten wir über den Pass
durch die Ebene
in den Hafen von Genua.

Dort breitet sich Lagerleben aus
in salziger Luft vom Meer,
durchzogen von Espressoduft
und den Dieselfahnen
all der Unimogs und Landrover,
die sich nach Auslauf sehnen
in der Sahara.

Hoch gerüstet treten sie an,
Sandbleche und Schaufeln
griffbereit an den Flanken,
ihre Jockeys lehnen lässig
über den Schnauzen
und diskutieren die Routen.

Dann schluckt sie alle
der breite Bauch der weißen Fähre.

Und während das schmucke Schiff
Korsika und Sardinien
am nächsten Tag passiert,
hängen die Ritter der Wüste

zerknittert über Bier und Kaffee
in Wechselschicht.

Der Sonntag in Tunis
findet sie schon im Sattel.

Sie geben brüllend die Sporen
und springen dem Horizont zu.

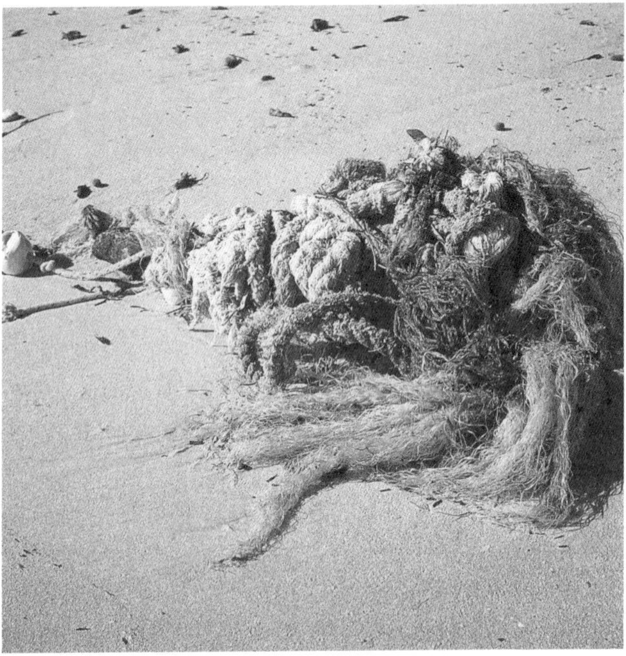

Eine Pause am Meer
kein Motorengeräusch mehr.

Wellen schmatzen,
Lerchen trillern.

Wir machen uns Luft
an der Luft,

machen Spuren
im Sand
am Strand

und fangen uns
wieder ein.

Auf breiten Eukalyptusalleen
hüpfen klapprige Peugeots,
Schafe und Gemüse
vertäut auf der Ladefläche.

Maultierkarren zockeln
im fleckigen Schatten
auf sandigem Seitenstreifen.

Eine kleine Hirtin winkt
von ihrem Feldherrnhügel.

Gelbe Felder
verströmen Honigduft.

In den Trockenflussbetten
gluckern Rinnsale,
blinken blaue Lachen.

Nordafrika im Frühling,
Hochzeiten in allen Dörfern,
Trommeln und Pfeifen,
Böllern und Kreischen.

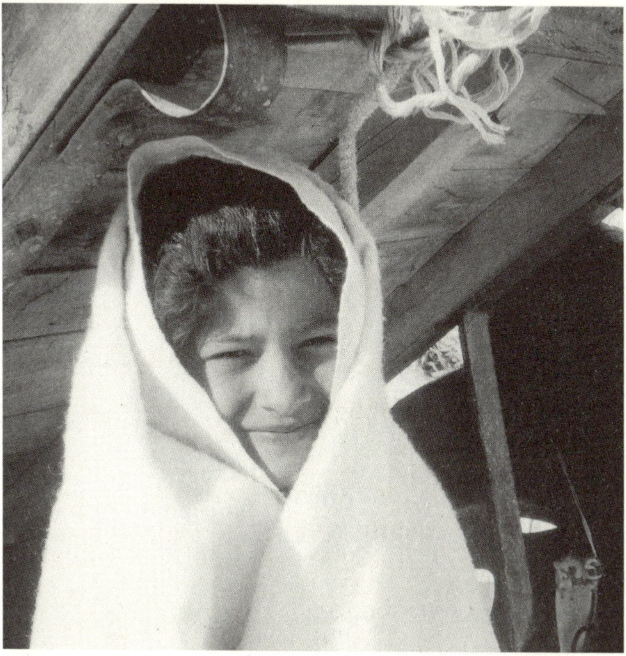

Abends in der Medina
ein uraltes Haus,
mit Palmzweigen gedeckt.
Hinter dem hölzernen Tor
zwei Ziegen angebunden.
Tauben schielen von den Dachbalken.

Wir sitzen im Innenhof.
Über uns, rechteckig ausgeschnitten,
der klare Sternenhimmel,
üppig besät:

Für jeden Stern der nördlichen Breiten
finden sich zehn südliche Brüder über der Wüste.

Am Boden im Staub spielen die Kinder,
wilde schwarze Krausköpfe,
Feuerrauch in Hemd und Haar.
Meine dazwischen,
heller und glatter,
doch sandgepudert
und rußgeschwärzt,
mit listigen Blicken
neuen Freiheiten auf der Spur.

Nachbarn und Verwandte drängen durchs Tor,
Sandalen häufen sich auf der Schwelle,
Decken entrollen sich auf den gestampften Boden,
barfüßig lassen die Gäste sich nieder.

Die mächtige Suppe
kommt in einer großen Schüssel daher,
die Fladen dampfend in Tüchern.
Die Rechte löffelt mit der Kruste des Brotes,
was sie kriegen kann.

Andächtige Stille,
wohliges Schlürfen.

Fragende Blicke,
ob es auch schmeckt?

Triumphierendes Leuchten
in den Augen meiner Kleinen:
wo Tisch und Stühle fehlen,
entfallen die Tischsitten!

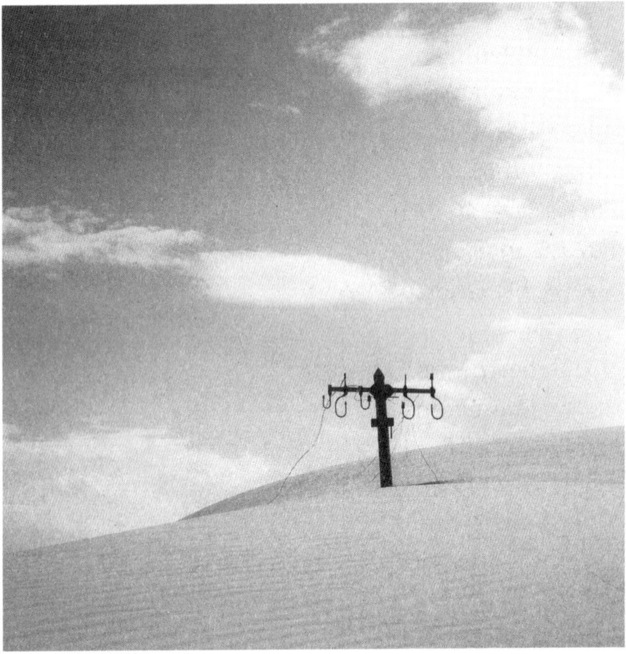

Eine Fahnenstange,
Drahtzäune,
ein paar Baracken,
dürre Grasbüschel auf welliger Ebene.
Der unruhige Wind zerrt an jedem Fetzen.
Ein Kofferradio plärrt:
Hazoua 1978,
algerischer Grenzposten.

Wir stehen herum,
werden kaum durchsucht.
Eine Handbewegung
entlässt uns in den Souf.

Die Straße schlängelt sich
durch weißgelbe Dünen.

Sie sind gefräßig.
Sie schlucken Telegrafenmasten und Häuser
und legen spielerisch ihren Fuß auf den Teer,
wenn es sie nach Blech gelüstet.

Wir sind auf der Hut,
sie kriegen uns nicht.

Kein Brot in El Oued.

In Touggourt eine Menschentraube
vor einer abgeschabten Tür.

Ab und zu
geht sie
einen Spalt auf.

Dann verlässt wieder
eine Gestalt das Haus
durch die Hintertür,
hastig,
ein paar Brote
im Arm.

Es wird dunkel.

Müde?
Nein – nein,
nur Sand im Auge,
wirklich.

Ein Berberzelt in der Nähe,
die Ziegen für die Nacht
in einem Hag aus dornigem Gestrüpp.

Fester Untergrund für die Reifen,
wir schaukeln uns
in eine geschützte Mulde
ganz in der Nähe,
kauen im Windschatten
noch einen Happen.

Dann schlafen die drei,
ganz ohne Geschichte
und Schlafanzug.

Eine Weile sitze ich noch
in der offenen Schiebetür,
höre dem Muezzin und den Hütehunden zu,
schnuppere nach fremden Kräutern,
mache noch einen Spatengang ins Dunkle
und krieche in den Schlafsack.
Es ist kalt.

In der Nacht kommt Sturm auf,
die Spiralfedern der Stoßdämpfer zeigen,
zu welchen Kunststücken
sie unter der Anleitung
eines temperamentvollen Tanzmeisters
fähig sind:
Die Mannschaft träumt
vom Abenteuer auf hoher See,
erwacht aber beim Morgengrauen
vom schmatzenden Getrappel
der Ziegenherde
und dem blechernen Lobpreis Allahs vom Minarett.

Pipelines kriechen
durch rötlichen Sand.

Sattelschlepper robben
auf bröckligen Asphalt
neben Überlandleitungen einher.

Abfall stolpert im Sandwind vor sich hin,
bleibt hilflos in den Zäunen hängen:

Hassi Messaoud,
Raffinerien in der Peripherie,
Wohnsilos in der Schachbrettsiedlung,
Containerdörfer in den Dünentälern.

Wir tanken Wasser und Sprit
und machen uns davon
ins Gassi Touil,
Hunderte von Kilometern geradeaus
zwischen gelben Dünenketten hindurch.

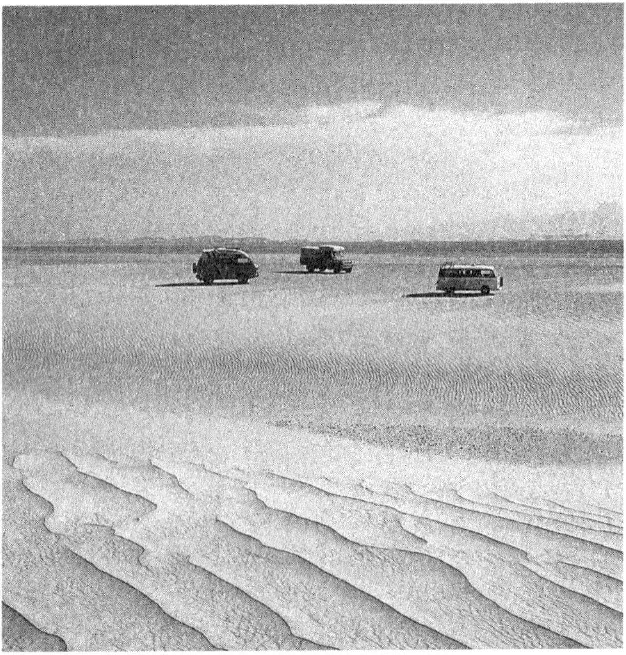

Am Abend legt sich der Wind.

Wir verlassen die Straße
und steuern eine Düne im Westen an.

Wir fahren ihr lange entgegen.
Sie wächst immer höher und mächtiger
aus der Ebene hinaus.

An ihren sanften Ausläufern
rollen wir aus
in eine Bucht
aus Kieseln.

Wir breiten uns aus.
Abendessen der deutschen Kleinfamilie
vor ihrem Fahrzeug in malerischer Kulisse,
die Ablichtung ist obligatorisch.

Kinder und Hunde
ziehen abgefüttert aus,
das Gelände zu erkunden.

Mutter macht den Abwasch,
Vater kümmert sich ums Auto.
Dann kehrt Ruhe ein.
Die technischen Geräusche ebben ab.

Ein Hauch macht sich auf.
Er spielt mit dem Handtuch an der Antenne,
umsäuselt neugierig Ecken und Kanten,
flötet in die Flaschenöffnung,
ganz aus Versehen,
und zieht sich erschreckt zurück.

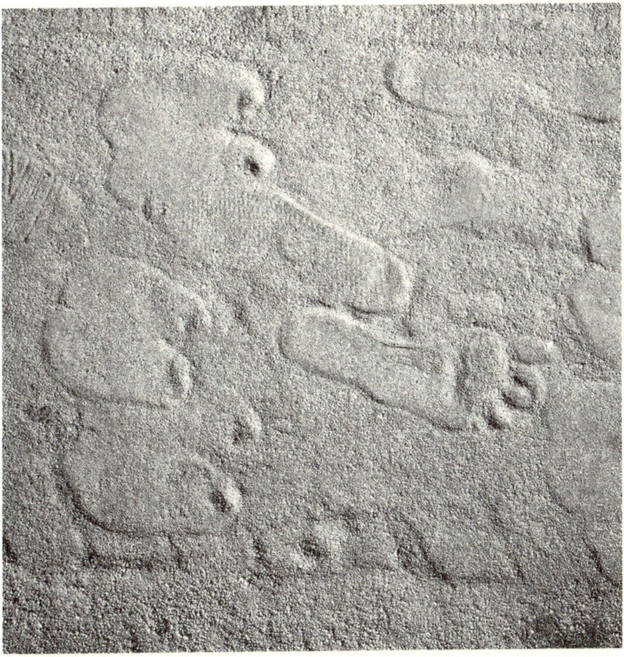

Der Osten ist schon eine Weile grau.

Die Sonne lässt sich Zeit
auf ihrem Weg aus Libyen
für die letzten Dünenketten
des Erg Oriental
vor dem Gassi Touil.

Plötzlich wird die wellige Kontur scharf,
die blasse Scheibe späht über den Kamm,
springt heraus,
bekommt Farbe,
und wärmt schon
ab diesem Moment alles,
was sich ihr zuwendet.

Zweihundert Höhenmeter im Sand,
Schwerarbeit am Vormittag.

Unter Ächzen und Stöhnen
erreichen die Gipfelstürmer
auf allen vieren
den rauchenden Kamm.

Hier oben verläuft sich der Haufen
im Rausch der Aussicht
zu kleinen schwarzen Punkten
auf der geschwungenen Linie.

In dunstiger Ferne
die nächste Dünenkette.

Dahinter noch eine.

Und noch eine.

Dünen haben
auf der Karte
keine Namen.

Ein Name
auf der Karte
ohne Ort:
Ohanet.

Ein Ortsschild,
leere Teerfässer
am Straßenrand,
nichts weiter.

Was war einmal?

Sandiges gelbes Tal,
Schilfhütten der Tuareg
unter Dornakazien:

Illizi.
Ein Bassin
unter Palmen und Eukalyptus.
Im Schatten ruht Ibrahim.
Er hütet das Wasser.

Blaue und türkise Gewänder
wehen Signale.
Sand gischtet
um die Barfüße.

Zwei junge Schöne
kommen herüber.

Glänzende Schüsseln
schwingen mit den Hüften.

Bündel wiegen sich
auf den Köpfen.

Schwatzen und Lachen
girrt durch die Luft.

Ibrahim setzt sich auf
und zieht den Gesichtsschleier
über den Nasenrücken hinauf.
Er ist im Amt.
Er greift nach dem Eisenrad im Gras
und setzt es ein.
Eine Umdrehung gibt das Wasser frei,
es rinnt in die Schüssel.

Eine schmale Hand zaubert
aus den Falten des Gewandes
einen Handteller Pulver dazu.
Die andere streicht durch die Haare,
silberne Armreifen klirren.
Die Augen wandern nach den Hütten.
Zehen schreiben in den Sand.
Die Freundin hebt die Brauen
– und löscht flink die Zeichen.

Ibrahim liest Stöckchen aus dem Sand,
fischt nach harten Blättchen
und dürren Gräsern unter den Bäumen,
schichtet den Fund in eine Mulde
und gibt einen Funken dazu.

Die Flammenzunge leckt an trocknen Fasern,
knackend frisst das Feuer seine Beute.

Eine dünne Schwade Eukalyptusrauch
weckt ein paar Schläfer
an den Schilfwänden.
Eine Botschaft Minze
folgt nach einer Weile.

Salam – la – bas – alhamdulilah,
die Hand aufs Herz.
Weit ausholend gebietet sie,
Platz zu nehmen
auf dem Sandboden
im schattigen Zimmer
unter windbewegtem Dach
zum Tee.

Aus der bauchigen blauen Kanne
schäumt der Strahl
ins winzige Glas.

Mit zwei Fingern der Rechten
führen die Männer
den heißen süßen Trank
unter den kupferfarbenen Litham.

Die geschminkten Lider
schließen sich in Andacht.

Mutwilliges Rufen
der Wäscherinnen
mischt sich
in die Zeremonie
der Müßiggänger.

Ein rauher Kehllaut
fliegt herüber,
eine Handvoll Sand
zurück.

Blicke blitzen,
launiges Geplänkel.

Der Sand stiebt:
Die Ferse beendet
mit Nachdruck
den Diskurs.

Hennafinger pflücken
die getrockneten Tücher
vom Dornbusch.

Dann treten die zwei
hinaus in das blendende Licht.

Ibrahim nimmt das Eisenrad
wieder an sich.

Er legt sich neben dem Feuer nieder
und zerteilt mit einem Ast die Glut.

Noch ein Glas Tee
für Hussein und Murat.

Die Fliegen summen,
die Welt steht wieder still.

Graue Klötze,
schwarze Platten,
scharfe Kanten,
spitze Steine.

Mähnenschafe auf der Flucht
in weiten Sprüngen
über das düstere Hochplateau.

Auf dem Wellblech der Piste
Kronenflughühner mit orangen Bäckchen
beim Spaziergang.

Der Waran im Drachenkostüm
mit Blütenbeute im Maul
auf dem Weg ins Versteck.

Da ist die Guelta nicht weit:
zwischen hohen Felswänden
ein tiefes kaltes Wasserloch,
von blühendem Oleander umstanden,
von flinken Schwalben umflirtet.

Keilschrift der Spuren
im weichen feuchten Boden,
das Gästebuch voller Sinnsprüche
über das wichtige Wasser,
von Wilden und Zahmen,
Gazellen und Ziegen,
Stiefel und Barfuß.

Zwitscherkanon,
Echojuchzen.

Die Felsen spielen mit
stegreif:

Die Wüste lebt.

Auf dem Weg nach Norden
wieder die Sonne im Rücken,
wieder Asphalt unter den Rädern,
wieder Tau in den Nacht.

Tunis im Regen,
die Überfahrt stürmisch,
Schnee auf dem Pass.

Wieder zu Hause
weckt der Wecker.

Waschmaschine und Trockner
kümmern sich um den Urlaubsdreck,
die Werkstatt um die Schrammen am Fahrzeug.

Kindergarten,
Schule,
Arbeit,
Haushalt.

Gassigehen,
Einkaufsbummel.

Schon gut – aber sonst?

Wir kaufen ein zweites Auto,
einen Lastesel zum Wohnmobil,
wenn man so will.

Ein British Elend,
jeden Tag ein neues Leiden!
Spitze 70,
rechtsgesteuert,
Scheibenwischer im Handbetrieb,
Moos an den Scheiben,
aber mein!

Ein paar Wintermonate
verdinge ich mich
als Stift in der Werkstatt.

Der Anblick meiner Hände
schmerzt die Gattinnen der Kollegen.

Wir werden Profis.
Die nächsten zwei Jahre
ist keine Piste vor uns sicher.

Die Grenzer grüßen als Bekannte:
Bon jour, Madame Landrover.

Große Klappe auf allen Festen,
den Wüstenbezwingern gehört die Welt!

Aber dann kam das Jahr 81.
Es war sehr heiß,
Ostern schon 45 Grad.
Für den alten Rover einfach zu viel.
Er kochte bei der geringsten Anstrengung,
unter Last im Sand bat er um Schonung.

Und dann die Diagnose Rahmenbruch.
Im Schrittempo schlichen wir nach Djanet.

An dicken Seilen legten sie ihn
am frühen Morgen in eine Grube.

Am Mittag stand er wieder
frischgeschweißt
auf allen vieren.

Abends feierten wir die Genesung
mit ein paar Freunden beim Abendessen.
Da leuchtete neongrell das Camp auf.
Ausgelaufenes Gas und ein Zündfunke
hätten beinahe zur Katastrophe geführt.

Das Wohnmobil kam mit versengtem Innenleben
und wir mit dem Schrecken davon.

Die nächsten Tage
kroch unser kleiner Konvoi
im gelben Sandwind dahin.

Prasselnde Sandwalzen
tobten über uns weg
und luden die Fahrzeuge auf.

Bei jeder Berührung mit ihnen
bekamen wir Schläge.

Und mein alter Wagen
demonstrierte mir täglich,
dass er für solche Tor-touren
nicht mehr zu haben sei.

Zum Jahreswechsel
stand ich frierend und beklommen
auf einem Bahnhof
auf dem Weg zum Flieger
nach China.

Ein Jahr später
saß ich in milder Nachtluft
in Havanna im Park.
Aus offenen Fenstern
schmolzen karibische Melodien,
Pärchen verträumten tanzend
den Jahresbeginn.

Das nächste Silvester
verschlief ich
unter freiem Himmel
auf der Massada
über dem Toten Meer,
bewacht von Maschinengewehren.

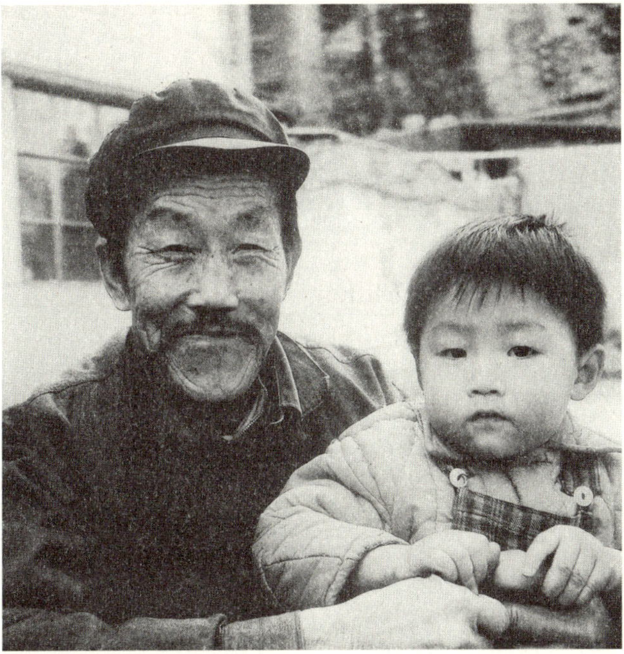

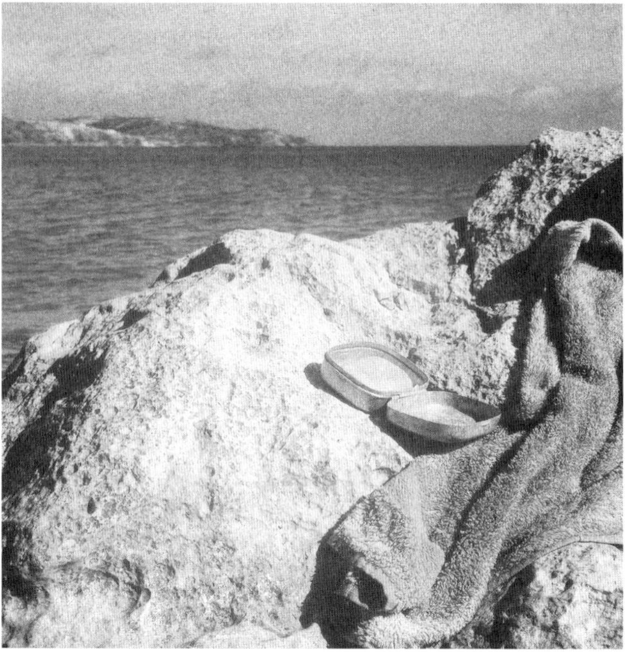

In diesen Jahren
löste sich die Familie auf.

Für ein paar Jahre
gab es noch eine Frauen-WG
aus Mutter und Töchtern.

Dann flogen die Töchter aus,
und ich zog mit dem Hund
in ein winziges Nest
im fünften Stock.

Ein paar Quadratmeter
mit Kochzeile
und Bad ohne Fenster.

Aber bei Föhn vergaß ich
am Schreibtisch die Arbeit:
Die Gipfelkette der Alpen im Breitwandformat
war pauschal im Mietpreis enthalten!

Mein Hausstand war übersichtlich geworden:
ein Bett und ein Schrank,
ein Tisch und ein paar Stühle,
Bücherregale überdurchschnittlich vertreten,
die übliche Unterhaltungselektronik,
ein Auto und ein Rad
für die Fortbewegung.

Von Fortschritt
war noch nicht die Rede.

Haushaltsgeräte,
die altershalber ausschieden,
wurden nicht mehr ersetzt,
so ließen sich Kündigungen vermeiden.

Manchmal saß ich abends über Karopapier
und unterhielt mich mit Planspielen:

Ich zeichnete
ein Haus für mich,
nur so,
für mich allein.

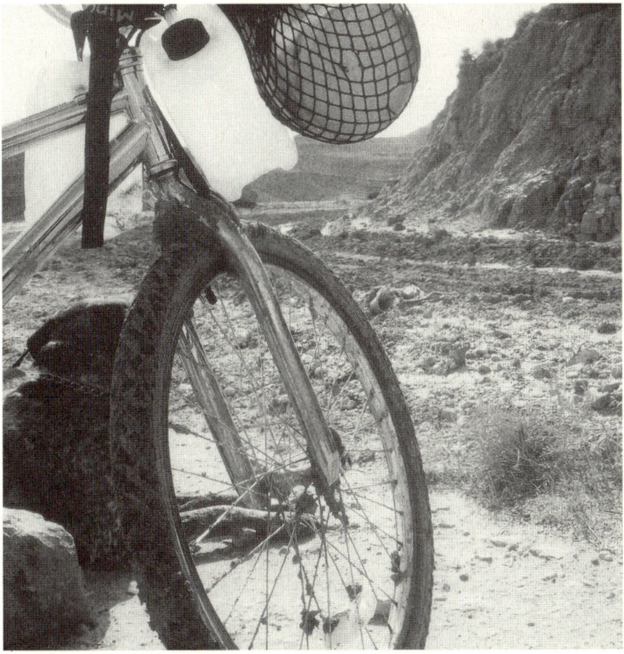

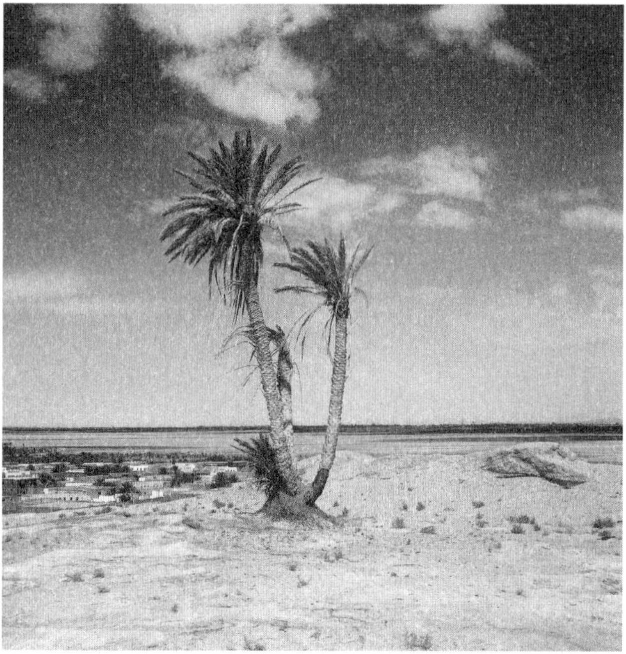

1991 geht es wieder los,
nach zehn Jahren wieder Sahara.

Ein alter Polizeibus,
hochbeinig,
einfacher Motor,
spartanischer Ausbau,
weniger Wohn-, mehr mobil.

Abends durch die knackend kalten
strahlend schönen Berge,
morgens durch den dicken Nebel
des Ticino.

Im Porto liegt die Habib,
Liebling auf arabisch.

Sie bleibt halb leer,
der Golfkrieg schlägt zu Buche.

In der Abendsonne legen wir ab,
Genuas laute Geschäftigkeit
entrückt im Dunst.

Aus den dicken Schächten
auf dem Oberdeck
duftet die orientalische Küche.

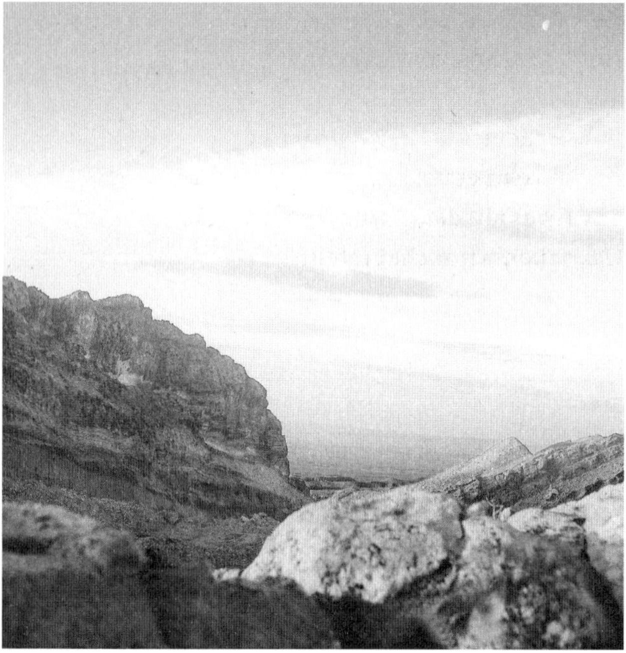

Gemüse, Öl und Zimt
flüstern schon vom Abendessen.

Die Gerüchteküche
bringt zehn gesteinigte Motorradfahrer
aus Tunis auf den Tisch.
Das haben wir nicht bestellt.

Seit einer Stunde rechts voraus
afrikanisches Festland,
zwischen Himmel und Meer
ein graugrüner Streifen,
Bäume und Häuser
lassen sich schon ausmachen.

Carthage,
La Goulette,
die Lagune.
Alles so vertraut,
dass es wehtut.

Auf dem Weg nach Algerien
Nachtplatz hinter Opuntien und Agaven.
Holzkohlenfeuerschwaden
ziehen von den Höfen herüber.

Der erste März
irgendwo auf dem Regg
zwischen Bordj Omar Driss und Amguid.
Der Horizont in jeder Himmelsrichtung
wie mit dem Lineal gezogen.

Bei Sonnenuntergang
stellen die Motorradfahrer
das Hämmern und Schrauben ein
und wärmen eine Dose
auf dem prustenden Benzinkocher.

Da geht im Osten der Vollmond auf,
als wär er die Sonne, so prächtig.
Und auf dem wackligen Campingtisch
quäkt der kleine Weltempfänger
die Nachricht vom Ende des Golfkrieges.

Wir können lange nicht schlafen.

In Tamanrasset
finde ich
zwei Fahrzeuge
für einen Konvoi:
Ich will auf die Ostseite
des Tefedestgebirges.

Keine Piste,
nur dicke Spurenbündel.
An einem Abzweiger
in den Bergen:
Mertoutek.

Zeribas und Steinhütten
ziehen sich
das Wadi entlang.

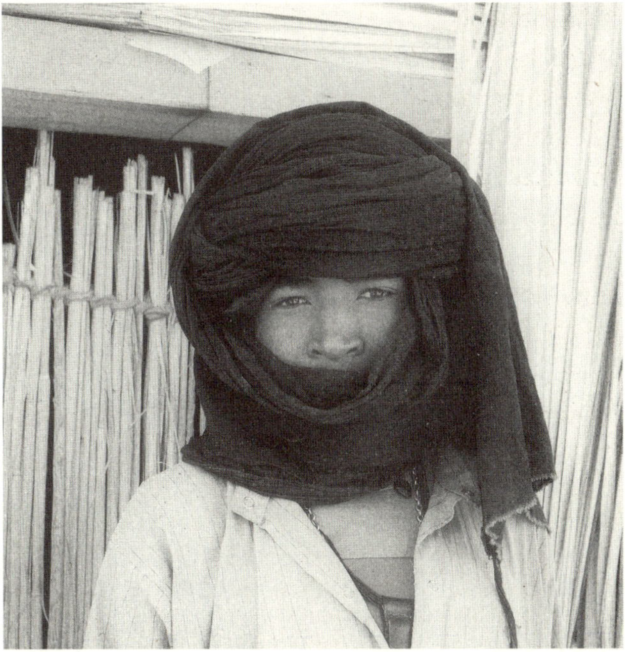

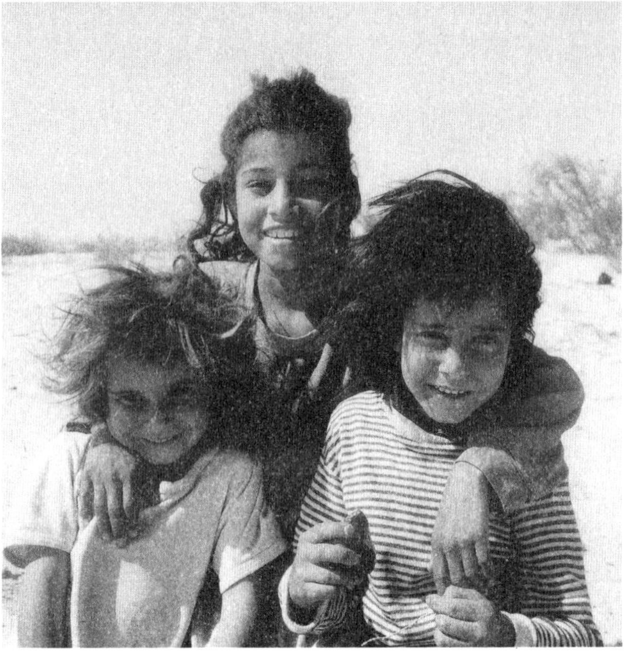

Am Palmgarten
eine Schar Kinder.

Sie toben,
dass es staubt,
wirbeln um mich herum.

Das Kinn hochgereckt,
kleiner Zeigefinger auf die Brust:

Beti
nennt sich die Wilde.
Die Freundin
etwas zahmer:
Keltum.

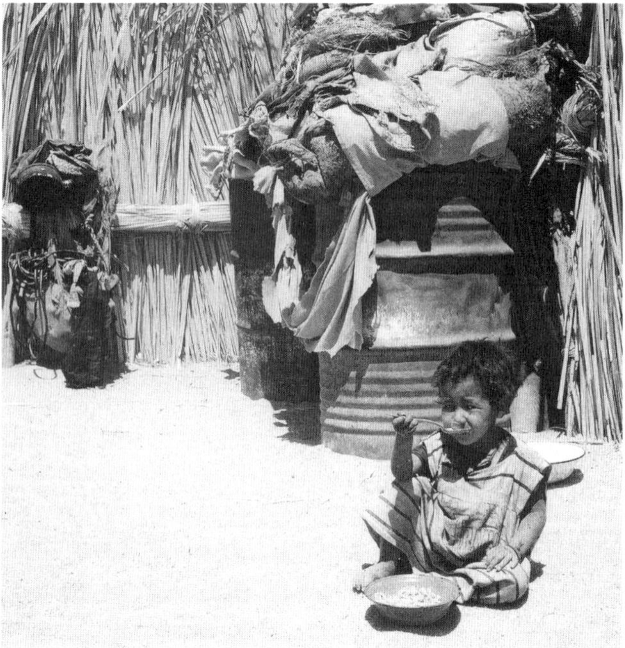

Ernstes Nicken,
sie zeigen mir
ihr Dorf.

Nur Hütten,
ein Brunnen,
ein Garten.

Kein Generator brummt.

Kein Radio dudelt.

Keine Kabel
und Antennen
zerschneiden
das Blau.

Nur Hütten,
ein Garten,
ein Brunnen.

Ich komme wieder.

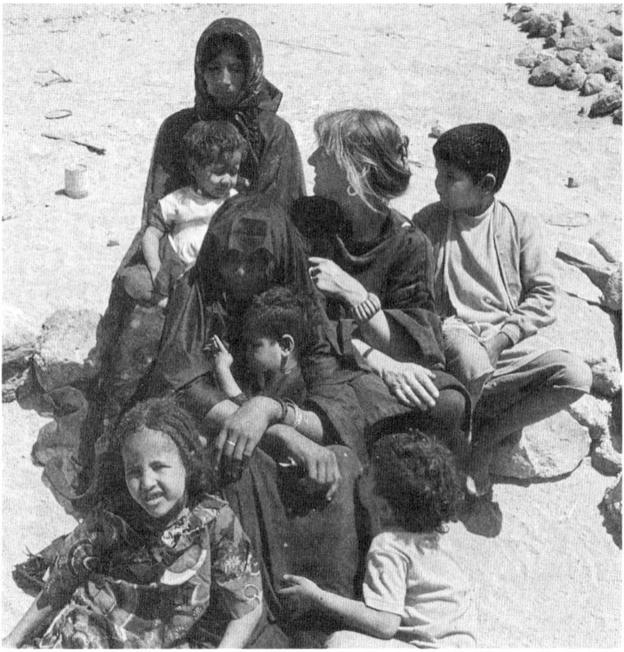

Die ersten Nächte zu Hause
schlafe ich
auf dem Balkon:

Die Luft
zwischen den Wänden
steht zu still.

Und die Decke
hat keine Sterne.

Ich beginne Experimente:

Ich mache ein paar Sandalen
aus einem guten Stück Leder.

Ich nähe von Hand einen Kaftan
mit festem Zwirn.

Und ich suche einen Jeep,
leicht, klein und kräftig:
Ich will allein nach Algerien.

Ein kleiner grüner Quad-Quad,
dreieinhalb Meter kurz,
leer keine Tonne,
und 70 PS.

Ich baue ihn nicht aus,
ich baue aus alles,
was Schrauben hat.
Nur der Sitz hinter dem Lenkrad
bleibt drin.

Die Kanister
für Wasser
und Sprit

und die Kiste
für die Lebensmittel
verzurre ich
mit Rollen und Gurten
gegen den Boden:

Die Lasten elastisch verbunden
wie das Salz und die Hirsesäcke
auf den Kamelen.

Die Lage in Algerien
spitzt sich zu:

Januar 92
schickt das Militär
die Demokratie auf Urlaub,
wie es heißt.

Anruf bei der Botschaft:
Visa werden bis auf Weiteres erteilt.

Anruf bei alten Wüstenfüchsen:
Internierungslager bei Ouargla und Reggane.
Die Grenze zum Niger ist dicht.

Auf den dringenden Appell der Töchter
versuche ich
– halbherzig –
ein Begleitfahrzeug zu finden,
und bin erleichtert,
als es nicht klappt.

Ich packe,
der Hund
nimmt Platz
auf dem Futtersack.

Am siebten März
geh ich
aufs Schiff.

Wenig Geländewagen
an Bord.

Die meisten davon
sind auf dem Weg
nach Libyen.

Ein Konvoi
für die Strecke bis Illizi
findet sich dann aber
doch noch zusammen.

Elfter März.
Die Straße
hinter der tunesischen Grenze
verlassen:
kein Gegenverkehr aus Algerien.

Dann
große Laternen
und eine ausladende Überdachung
über dem dünnen, ausgefransten Teerband:
Hazoua 92,
der algerische Grenzposten.

Er soll vor ein paar Wochen
überfallen worden sein,
es habe Tote gegeben.

Ein junger Grenzer
legt mir ein Päckchen Räucherstäbchen
in den Pass
und wünscht
eine gute Heimkehr.

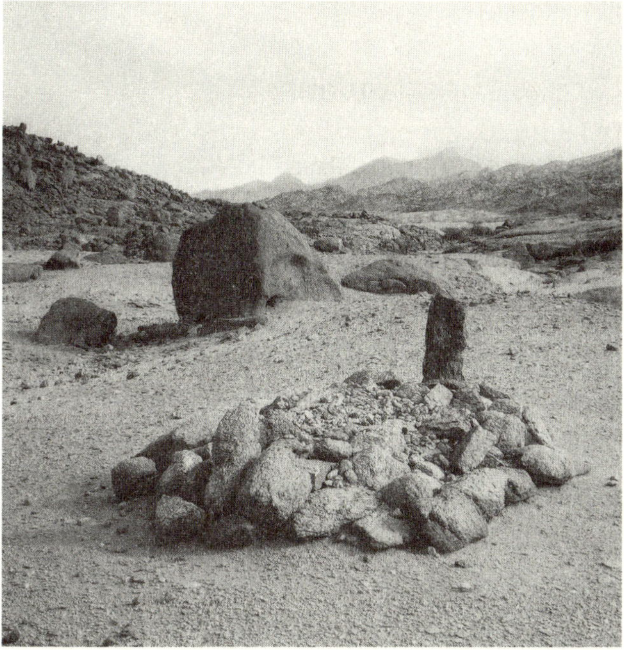

Es ist Ramadan.

Der Souk in Touggourt
ist bunt und voll:

In diesen Wochen
soll jedes Essen nach Sonnenuntergang
ein Festschmaus werden.

Wir kaufen ein,
Karotten, Kartoffeln, Zwiebeln
und einen schwarzen Topf,
das nordafrikanische
Nomaden-Einheitsmodell.

Wir verlassen die Stadt
mit unserer Beute
und suchen die Dünen auf.

Trockenes Halfagras
und dürres Dornbuschgerippe
zwischen drei Steinen,
darauf der Topf.

Im Nu
prasselt ein Feuer im Wind.

Die Freiluftküche im Dünental
ruft frische Gemüsesuppe aus.

Ich fülle die Kalebasse,
stecke den Löffel in den Gürtel
und suche mir
einen Essplatz mit Aussicht:

Seit Sonnenuntergang
glühen im Nordwesten
die bengalischen Feuer
der Gasabfackelungen.

Eine Handvoll Sand
erledigt den Abwasch.

Der volle Bauch
macht müde.

Satt und warm
verkrieche ich mich
in den Schlafsack.

Am Morgen ist der Lagerplatz
übersät mit feinen Spuren:

Die Springmaus
hat sich ihren Teil
der Beute geholt.
Die Küche ist aufgeräumt.

In Hassi Bel Guebbour
ein Wasserloch
im Schilf.

Da sitzen wir Frauen
zur Schönheitspflege
im Wasser.

Eine Targia hockt am Rand
und gibt acht
auf die Kri-Kris.

Die andere,
bis zur Hüfte entkleidet,
wäscht sich die Haare
mit meinem Shampoo.

Ich spüle den Pistenstaub
von Haut und Haar.

Der Wind trocknet uns schnell.
Sie nimmt die Amulette
wieder an sich
und zieht das Gewand
über die Schultern herauf.

Die Schwägerin flicht ihr die Haare.
Dann legt sie das schwarze Tuch
über den Scheitel

und wirft das Ende
mit dem eingeknoteten Schlüssel
auf den Rücken.

Im Gehen schenkt sie mir
eine Fingerspitze
duftender Pomade
für meinen ungeordneten Schopf.

Fahren,
halten,
peilen,
rechnen.

Fahren,
halten.

Karte und Kompass
auf der heißen Motorhaube
im Kampf mit Wind
und schlechter Sicht.

Da,
das Blechgerüst
einer Fliegerhütte.

Hier
harrt ein IGN-Punkt
zwischen Sand und Steinen aus,
in sturer Vermessenheit.
An der Rampe
am Einstieg
zum Gara Khanfoussa
zwischen Ziegelbrocken
und Strohballen
ein paar französische Münzen.

Stacheldraht,

Patronenhülsen,
steinerne Gräber
am Ain El Hadjadj:

Ein Weltkriegsscharmützel
am Brunnen
im Sand
am Wendekreis des Krebses.

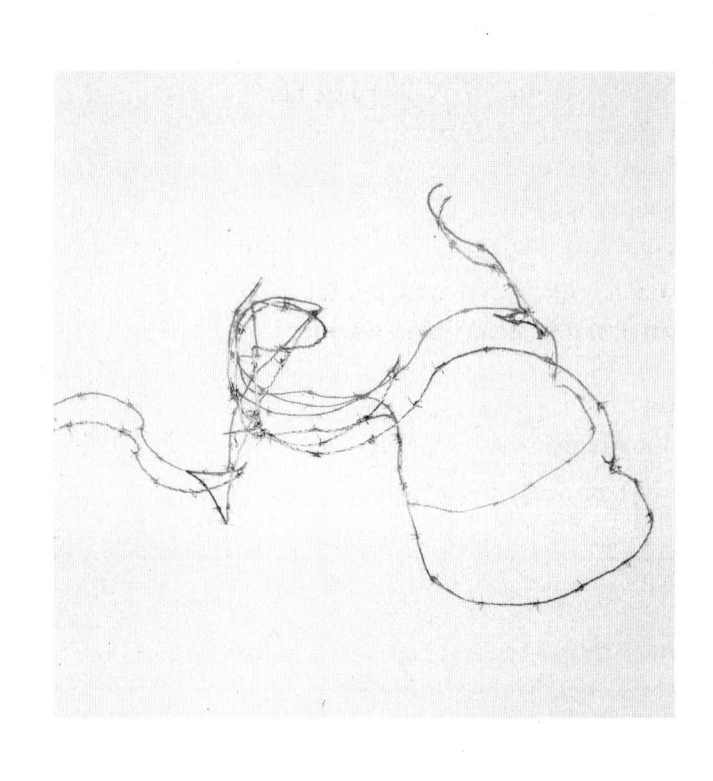

Aus Westen von der Gräberpiste her
holpern wir auf Illizi zu.

Ich bin ganz wach,
erzähle
von den Hütten im sandigen Tal,
von Ibrahim, dem Wasserwächter.

Wir gehen die letzte Steigung an.

Über die Geländekante
schieben sich
scharfe Umrisse hinaus:

Armierungseisen
stechen in den Himmel.

Antennen,
Gerüste,
Türme,
Radarschirme auf der Anhöhe.

Unten in der Ebene
geteerte Straßen,
Laternen,
Schilder,
mehrstöckige Häuser.

Ich bleibe
auf einer Kreuzung stehen,
ich verstehe
nichts mehr.

Hupen – was ist?
Du kennst dich doch
hier aus!

Elf Jahre
vom Schilfhüttendorf
zur Bezirkshauptstadt des Grand Sud,
das kann sich nicht sehen lassen!

In Illizi trennen sich die Wege.

Zwei Tage schwarze Mondlandschaft.
Der Wagen müht sich
über Klötze und Platten.

Ich mache kaum Pausen:
Stelle ich den Motor ab,
bleiben nur die Windgeräusche.
Niemand unterwegs außer uns.

Der Hund sieht mich an,
streckt die Nase in den Wind
und nimmt seinen Platz
im Fahrzeug wieder ein.
Damit ich ihn nicht vergesse
hier draußen.

Bei Menschen weiß man nie.

Zur Dämmerung
mache ich Nachtlager
in einer Felsennische.

Ich mache mir viel zu tun,
bis ich merke,
es geht mir gut,
so allein.

Da lass ich es sein
und geh schlafen.

Als der Morgen anfragt,
findet er mich sehr lebendig:
Eine Zeichnung hab ich gefunden
in meinem luftigen Schlafzimmer
an der rauhen Wand.

Drei Felsblöcke weiter
eine Jagdszene.
Zwei Stufen hinunter
eine blasse rote Kuh,
formvollendet.
Die Steinzeit wird lebendig.

In Zoutallaz verschwinden
die Konturen des Tassili
hinter einem gelben Sandvorhang.
Der Wind treibt mich
in die Containerhütte
der Polizeistation.

Hier hat ein jeder zu tun:

Zwei suchen unter den Sonnenblumen
im Garten hinter dem Schilfzaun
nach Möhren und Erbsen fürs Abendessen.

Einer operiert ein stummes Radio
mit einem Schlachtermesser.

Einer rückt
einem Riss am Ärmel
mit Nadel und Faden zu Leibe.

Einer lauscht mit geschlossenen Augen
der Stimme im Innern.

Da such ich mir auch was zu tun:
Ich seh ihnen zu.

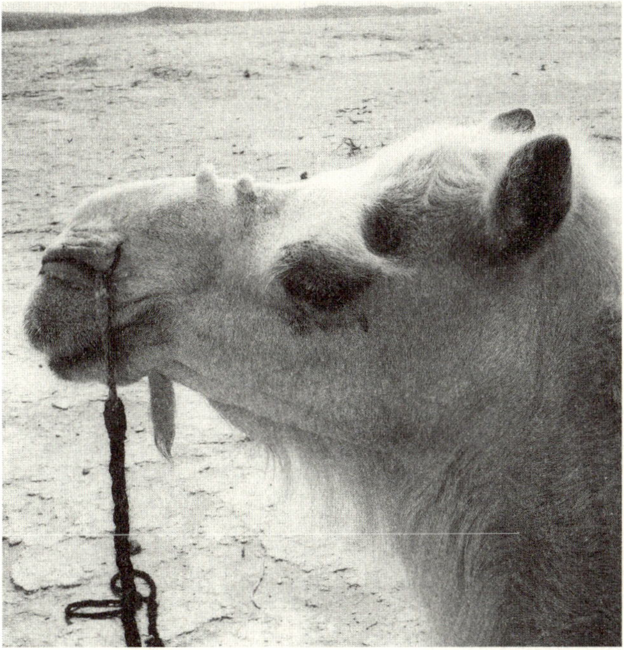

Nach einer Weile
hör ich es gurgeln und platschen,
ungläubig steck ich
den Kopf aus der Tür.

Omar und Kamel
strahlen mich triefend und durchweicht an
und präsentieren einen Wolkenbruch
als ihre Inszenierung!

So fahr ich am nächsten Morgen
durch blinkende, gluckernde Wadis.

Die Moula-Moulas baden,
nur die Dünen
wirken heute,
so nass,
etwas kläglich.

Zurück in Mertoutek.

Immer wenn die Sonne untergeht,
kommt einer vorbei:

Ann – komm zum Tee.

Ich hänge meinen Burnus um,
pfeife nach dem Hund
und ziehe die Tür zur Zeriba zu.

Wir teilen die Schilfhütte
mit einer Henne und drei Küken.

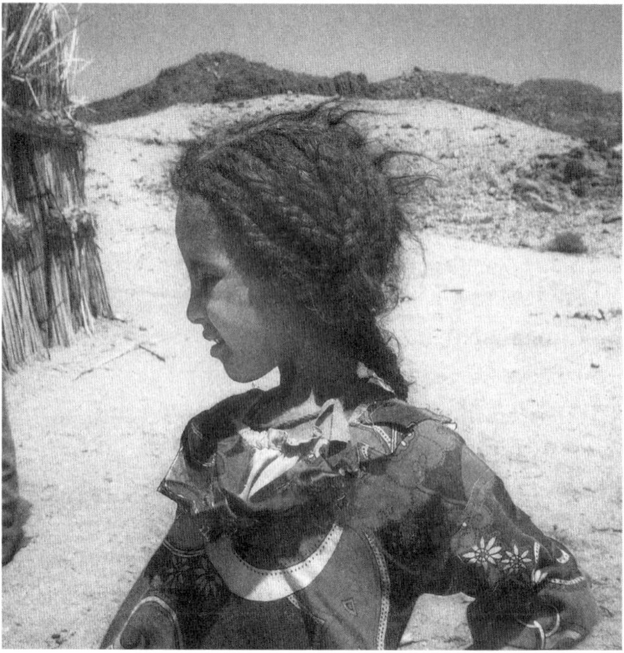

Die Hierarchiefrage stellt sich nicht,
die Henne holt sich das Brot,
die Küken baden im Wassernapf,
der Hund drückt sich
nur vorsichtig durch die Tür,
wenn das Federvieh außer Haus ist.

Feuerlicht in der Gemeinschaftshütte,
Hamma macht Tee,
Fatima bringt eine Schüssel
mit Brot und Gemüse
und für jeden einen Löffel dazu.

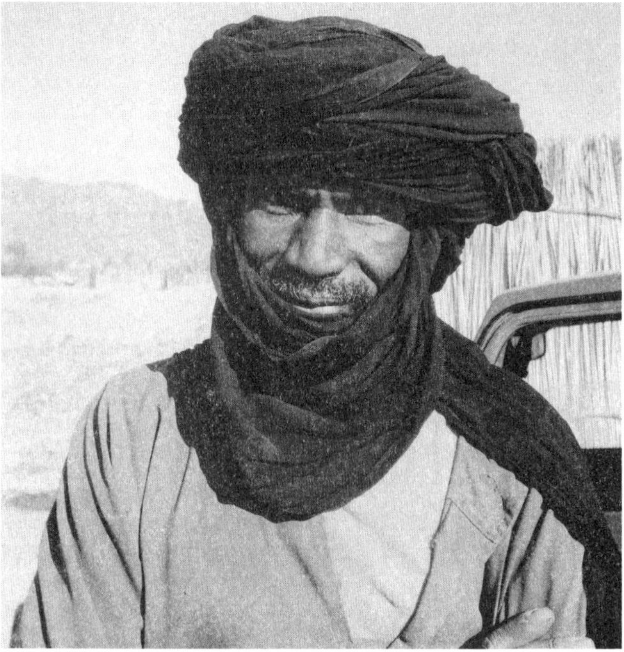

Zuletzt kommt der Alte
aus dem Palmgarten herüber.

Wer satt ist,
legt sich nieder,
die Kleinen suchen sich
Schenkelpolster und Bauchkissen.

Dann wird es still,
der Alte wischt sich den Mund ab
und erzählt.

Es ist wieder
die alte Geschichte
aus dem Niger.

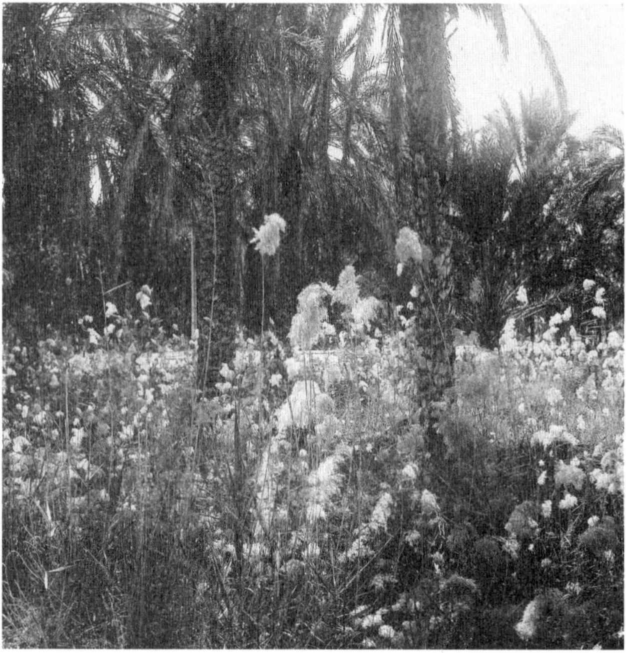

Eben hat der Löwe
den Targi auf den Baum gejagt.
Aju!
entfährt es den Zuhörern.

Dem schönen Hamma mit den gepflegten Händen.
Dem alten Ali mit dem kranken Herz.
Dem duftenden Mohammed mit der Quarzuhr.

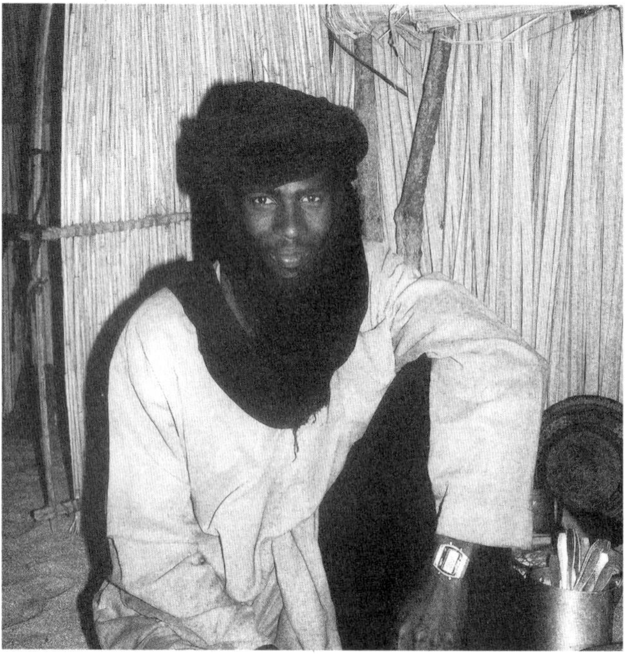

Keltum und Beti rücken zusammen,
Idrisi steckt sich die Finger in die Ohren
und Sidi Ali schiebt sich
bei der Tante unter den Arm.

Vor ein paar Wochen hat er
seine Mutter verloren,
der Vater ist mit den Kamelen fort,
aber er ist schon immer
in jeder Hütte zu Hause.

Es wird kühl,
der Wind raschelt
in den Schilfwänden.

Die Füße mit den Rissen und Schwielen
suchen die geheizten Steine der Feuerstelle.

Ab und zu
ein Murmeln,
ein Gähnen.

Einer nach dem anderen
erhebt sich,
verabschiedet sich flüsternd
und lädt sich
ein schlafendes Bündel auf.

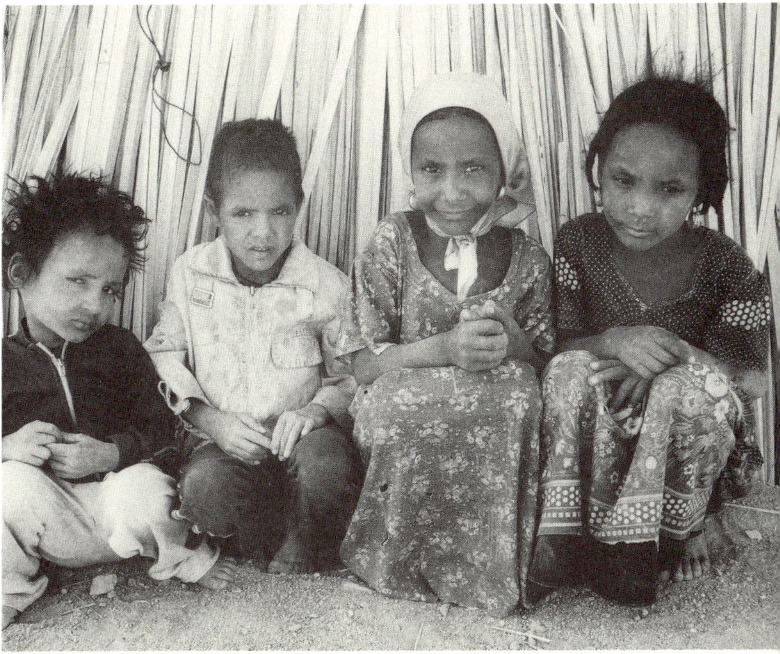

Seit ein Fahrzeug im Dorf steht,
gibt es viele Fußkranke in Mertoutek.

Kleine Suzi – großer Camion,
oder:
Wie viele Tuareg passen in einen Jeep?

Wir gondeln als öffentlicher Nahverkehr
das Wadi Dehine
hinauf und hinunter.

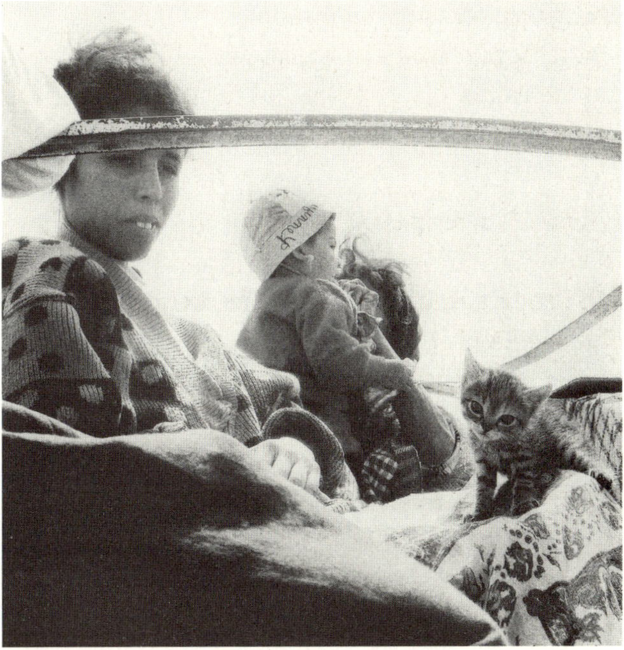

Da hatte ich doch andere Träume.
Ich stehle mich beim Morgengrauen
aus der Hütte
mit Wasser und Karte.

Mit aufgeplatzten Zehen
und leerem Kanister
krieche ich am späten Nachmittag
auf einem dünnen Pfad von Osten her
wieder ins Dorf zurück.
Vorwürfe von allen Seiten:

Wer läuft auch zu Fuß,
wenn er ein Auto hat,
und überhaupt:
Wie kommt jetzt der Sack Mehl
zur Schwägerin
am Ende des Tales!

Ich lasse mich aufs Feldbett fallen
und schlafe, bis es dunkel ist.

Am Feuer beim Tee
erzähle ich dann
von Tatzenabdrücken im Sand,
von Hasen und Fenneks,
zum Greifen nah,
und grasenden Gazellen.

Sie zucken die Achseln:
Gefangen hast du nichts?

Die Zeriba:
Durch rauschende Schilfwände
fallen Sonnenstrahlen
auf die gewebten Decken,
auf weißen Sand am Boden.

In der Mitte
zwischen den Steinen
das lebendige Feuer.

Auf dem Tablett
die blaue Kanne
und die Gläser.

An den Balken
Topf und Löffel,
Gerba und Ledersack.

Im Winkel
die Holzschüssel
und die Steinmühle.

Die Schilfhütte:

vier Schritte lang,
vier Schritte breit.

Ein paar Schritte
zum Brunnen,
zum Garten.

Was braucht man
hier noch.

Ann –
kommst du wieder?

Kann ich eine Zeriba
bei euch haben?

Aber natürlich,
wo immer du willst!

Im Palmgarten!

Nein, das geht nicht.

Auf dem Hügel dort?

Da fressen sie die Ziegen.

In – sh – allah.

Zweieinhalbtausend Kilometer
bis zur Küste.

Eine Woche
Asphaltgezockel.

Viel Zeit
zum Grübeln:

über Häuser und Hütten.

Über Geld und Zeit –

und über die Freiheit.

Die Flamme flackert,
der Docht versinkt
im flüssigen Wachs.

Ich strecke mich,
es ist kalt geworden,
irgendwann ist der Ofen ausgegangen.

Die Reisetagebücher.
Ich stecke sie
in den Kasten
zu den Landkarten.
Da gehören sie wohl rein.
Irgendwo zwischen
Cuba und China,
Federseemoor und Vorarlberg,
bis ich mal wieder aufräume.

Ich stehe auf,
schlüpfe in die Sandalen
und hänge mir den Burnus um.

Der Hund schüttelt sich
und drängt zur Tür.

Wir gehen ein Stück
in die Wiesen.

Ein paar Sterne sind herausgekommen,
es wird wohl klar werden.

Die Kirchturmuhr schlägt
viertel nach irgendwann.

Ich bin noch nicht ganz da,
als sei ich aus dem Kino
auf die Straße getreten.

Mit der feuchten Kälte dieser Nacht
kann ich nichts anfangen.

Ich pfeife, wir kehren um.

Da steht mein Holzhaus
im blauen Licht der Laterne
zwischen all den steinernen Riesen
der Nachbarschaft.

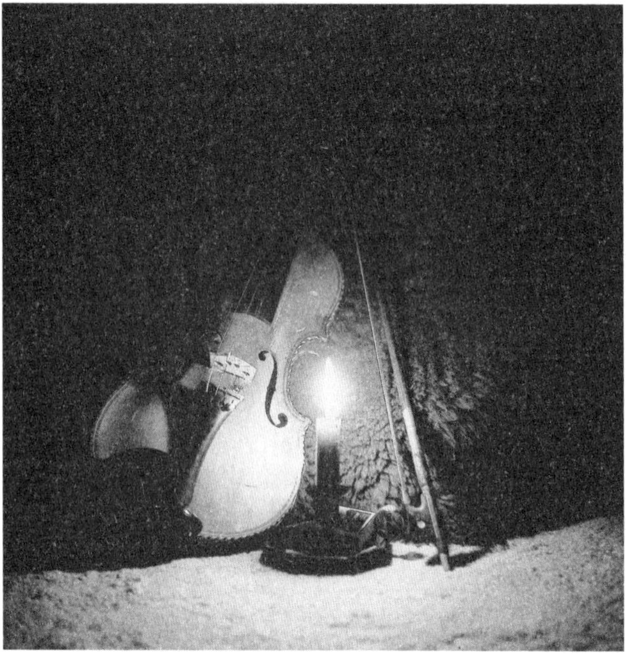

Die Blockhütte.
Vier Schritte lang,
vier Schritte breit.

Ohne Bewegungsmelder im Hof.
Ohne Antenne auf dem Dach.
Ohne Klingel an der Tür.
Ohne Schalter an der Wand.

Das Haus.
Mit Keller und Dach.
Mit Ofen und Schornstein.
Mit Fenster und Tür.
Mit Wasserhahn und Klo.

So einfach.
Einfach so.

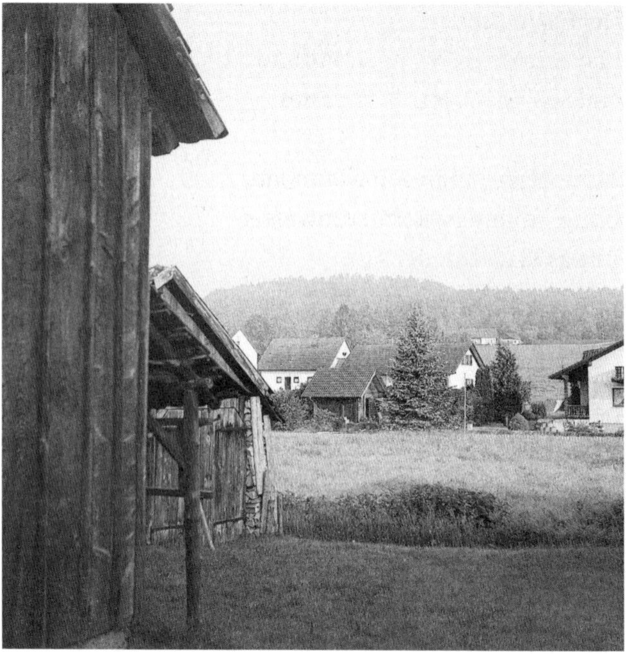

Beim Zähneputzen
mache ich die Gutenacht-Runde
zur Birke und zum Apfelbaum.

Dann schließe ich den Schuppen,
schöpfe einen Eimer Regenwasser
für das Klo,

rolle das Fell
auf dem Teppich aus
und krieche unter die Decke.

Zwischen den Sprossen des Fensters

blinken jetzt die Sterne:
Es wird morgen schön!

Vor einer Weile
hab ich Feuer gemacht,
Wasser aufgesetzt
und mich wieder
unter die Decke verzogen.

Jetzt bullert der Ofen,
das Wasser kocht,
und die Hütte ist warm.

Ich gieße den Kaffee auf,
lege eine Scheibe Weißbrot
auf den Ofen
und mache das Fenster auf.

Ich hänge das Fell
auf den Draht hinaus,
an dem sich
den Sommer über
der Wein festhält.

Der Sonntag lässt sich gut an,
die Sonne scheint.

Ich stelle das Tablett
auf den Teppich,
es gibt Kaffee und Toast
zum Frühstück.

Ich krümele so vor mich hin
und mache mir Vorschläge
für eine Sonntagsveranstaltung:

Ein Besuch bei Freunden?
Mal wieder ins Kino?
Ein Streifzug durchs Moor?

Aber dann mache ich einen Gang
durch den Garten
mit dem Kaffeebecher in der Hand,
nur so ...

Und als ich mich wieder besinne,
ist es Nachmittag.

Der kleine Kartoffelacker
hinter der Hütte ist umgegraben,
der Schuppen aufgeräumt,
die Wäsche hängt trocken an der Leine,
und ich habe Hunger.

Ich schiebe auf den Stufen
die erdigen Schuhe von den Füßen
und hole mir barfuß aus der Hütte,
was ich so zum Kochen brauche.

Der schwarze afrikanische Topf
saß in den letzten Wochen
meist schon auf dem Ofen.

Heute soll er noch mal raus.

Die Südwestseite
unter den großen Fenstern
ist ein guter Abendsonnenplatz
für einen Herbstsonntag.

Dort liegen im Kies
drei große weiße Steine.

Ich stelle den Topf drauf,
schiebe zerknüllte Zeitung
und dürre Äste darunter
und zünde sie an.

Bis die Kartoffeln gar sind,
klettere ich unters Dach
und hole von der getrockneten Minze.

Nach dem Essen
setze ich die blaue Kanne
in die Glut.

Bald zieht die Minze
durch den Garten.

Ich lehne mich zurück.
Mit dem Kino war es wieder nichts,
der Besuch ist ausgefallen
und die Briefe in den Wind geschrieben.

Ich ziehe den Korb
mit der Wolle heran.

Im Sommer habe ich sie
mit Regenwasser gewaschen
und auf meiner Wiese getrocknet.

Ich mache noch Experimente:
Ich kämme die weißen Flocken
und spinne einen Faden
auf ein Stöckchen:
Ich will ein Kleidungsstück
von Anfang bis Ende allein machen.

Ich ersetze die Leiter zum Dachboden
durch ein paar Griffe an der Wand:
Ich will mir keine Gedanken
über Gymnastik mehr machen.

Ich lasse meinen Wecker
bei Halima in Afrika:
Ich will nicht mehr geweckt werden,
ich will aufwachen.

Ich tausche mein gutes Rad
gegen ein kleines BMX:
Das nimmt nichts übel
und passt ins Gepäcknetz,
wenn ich mit dem Zug verreise.

Wir fahren noch manchmal
nach Nordafrika.

Wenn ich den Rucksack packe,
lässt der Hund ihn nicht mehr aus den Augen,
damit er den Abmarsch nicht verpasst:

Bei Menschen
weiß man nie!

Dann schlagen wir uns
durch Wald und Wiesen
und erreichen den Bahnhof
als Quereinsteiger über ein Nebengleis.

Der Zug bringt uns über die Berge.
Im Hafen von Genua wartet die Habib,
und in Tunis ein Louage.

Dann wandern wir
ein paar Wochen
durch das Dahar.

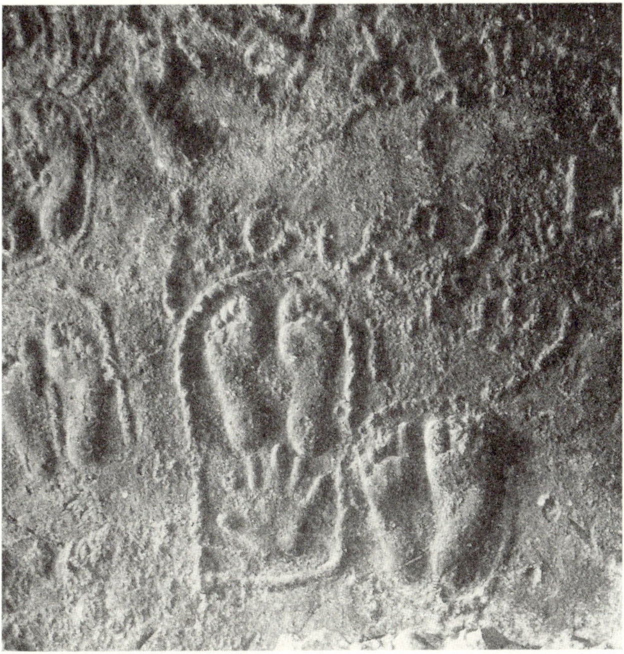

Die Berber laden mich oft ein,
dann kommen die Nachbarn zum Tee.

Wir sitzen bis tief in die Nacht
bei der tätowierten Großmutter
auf bunten Decken am Boden
um das Feuer in der Tonschüssel.

Und wenn dann bei Sturm
die Glühbirne ausfällt
und alle nach einer Kerze suchen,
dann erzähle ich
mit Händen und Füßen,
wie ich in Deutschland so hause,

so ohne Strom
und ohne Möbel,
ohne Telefon
und ohne Auto.

Dann schlagen sich die jungen Leute
auf die Schenkel vor Lachen
über den gelungenen Scherz.

Und ich muss mich
von der Oma mit dem Stachelbart
dafür abküssen lassen.

Manchmal
denke ich,
ich sollte
ein Buch
darüber
schreiben.

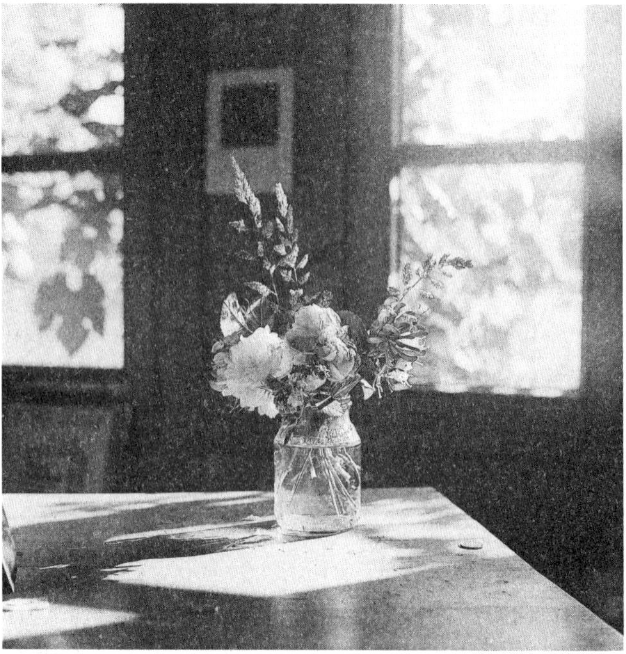

Nachwort

Inzwischen fährt die Welt fort, auch die letzten Pisten zu teeren. Sicher lässt es sich auf befestigten Straßen immer noch schneller fortfahren, denn Wellblech und Staubentwicklung sind bei hohen Geschwindigkeiten hinderlich.

Ich frage mich allerdings, ob der Fortschritt auf Teer stattfindet, denn schreiten lässt es sich doch besser in unebenem Gelände und auf schmalen Pfaden – das bietet allen Sinnen Beschäftigung und manchmal erstaunliche Aussichten.

Auch meinen Mühlweg deckt nun der Asphalt. Die neuen Straßenlaternen stehen tapfer stramm und könnten mir manche Kerze sparen, wenn ich mich nur überwinden könnte, mit dem Buch in ihre bleichen Kegel zu rücken.

30. April 2016
Heute vor drei Jahren ist die alte Ronja in die ewigen Jagdgründe übergesiedelt, zwei Wochen nach ihrem letzten großen Auftritt. Über die Jahre war sie ein richtiger Medienprofi geworden, der gelassen manch

platte Frage über sich hatte ergehen lassen. Alle großen Talkshows hatte sie vor der Kamera, hinter den Kulissen und im Publikum miterlebt und sicher wieder vergessen, denn das Futter war ihr immer wichtiger als die Unterhaltung gewesen.

Einzig ein NDR-Talk wird sich in ihr Gedächtnis eingegraben haben: Die Kameras hatten sie nicht im Auge gehabt, weil sie ja unter dem Tisch lag, sie aber hing mit andächtigem Blick an Blacky Fuchsbergers charmantem Lächeln, hatte ihren Kopf auf seine blanken Schuhe gebettet und war unübersehbar im siebten Hundehimmel.

Ob sie gewusst hat, dass wir all die mediale Aufmerksamkeit unserer schäbigen Hütte und unserer rückständigen Lebensweise zu verdanken hatten? Wohl kaum, in einem kretischen Bergdorf in ihrer Heimat wären wir damit sicher nicht aufgefallen.

Die Hütte steht nun schon über zwanzig Jahre auf dieser Wiese. Die kleine Birke, die damals elastisch gerollt in einem Pkw daher gekommen war, könnte sich solche gymnastischen Übungen heute nicht mehr vorstellen. Sie ist ein riesiger starker Baum geworden, der mir mehr Schatten macht, als mir lieb ist. Alte Hasen hatten ja vor zu viel Euphorie beim Pflanzen gewarnt, aber mir ging es wohl wie den meisten, die gar nicht glauben, wie schnell zwanzig Jahre vergehn. Und was so ortsgebundene Leisetreter wie Bäume in aller Ruhe, Millimeter für Millimeter, an Wachstum hinlegen können.

Spannend ist, was im Luftraum über diesen 733 Quadratmetern passiert, seit Bäume und Sträucher ihn erobert haben. Tag und Nacht herrscht wilder Flugverkehr. Gefährliche Raubjagd und herrliche Arien folgen in rasantem Szenenwechsel aufeinander, vom Rotmilan bis zum Zaunkönig toben alle auf dieser Bühne herum.

Eine leidenschaftliche Gärtnerin bin ich nicht geworden. Nach einigen Anläufen mit viel guter Absicht beschränkt sich die Ernte auf alles, was ohne meine Hilfe klarkommt. Und das ist mehr, als man so glauben möchte! Jede Kartoffel, einfach im platt gemachten Kompost verbuddelt, bringt mir ein paar weitere schöne Knollen. Die Walderdbeeren, die sich überall unter Bäumen und Büschen angesiedelt haben, wachsen ohne Beistand munter vor sich hin. Im Sommer hol ich mir wochenlang täglich eine Handvoll zum Nachtisch. Junge Brennnesseltriebe koche ich mir mit Kartoffeln. Hätte mir einer vor zwanzig Jahren vorgeschlagen, so etwas zu essen, hätte ich sicher höflich dankend abgelehnt. Löwenzahnblätter schätze ich als Salat – und nicht nur im Frühling. Ja, und Haselnüsse gibt's jeden Herbst kiloweise! Bei deren Vernichtung müssen mir den Winter über Enkelkinder, Eichhörnchen und Spechte helfen.

Also: Auch Zuschauen und Warten kann Ernte bringen, wenn man auf die richtigen Früchte setzt.

Meine technische Ausrüstung hat sich in den letzten zwei Jahrzehnten nicht erheblich verändert. Mit einem kleinen batteriebetriebenen Radio und einem simplen Disc-Man bin ich hier eingezogen, und beide gibt es so noch immer. Drei Monate hatte ich einmal einen Laptop, auf dem ich meine Texte überarbeitet habe. Dafür stand ein kleines Solarmodul im Garten, das eine Autobatterie speiste. Der Reiz war bald verpufft: Ich bin reumütig zu meiner alten Italienerin zurückgekehrt, einer Lettera 22 von Olivetti, die kein ß kennt und der Umlaute nur auf Umwegen zu entlocken sind. Aber sie hat einfach noch Persönlichkeit. Mit dem Handy hab ich es zwei Mal versucht. Es hat mich letztendlich mehr genervt als gefreut. Nur die kleine Digitalkamera, die ich vor fast vier Jahren erstanden habe, ist ein heißgeliebtes Spielzeug geworden, das ich nie mehr missen möchte. Auf allen vieren im Garten durchs hohe Gras kriechen, einem Grashüpfer hinterher, bis er das Davonhüpfen einstellt und neugierig in die Linse guckt – als Beute ein bildfüllendes Grashüpferporträt auf der Speicherkarte und im Hirn die Erkenntnis, dass wirklich jeder Grashüpfer anders aussieht! Jaja, es gibt wirklich Wichtigeres auf dieser Welt, aber durch diese Kamera kann ich mir die Welt in einem Maßstab anschauen, der mir bisher völlig entgangen war.

Fahrräder hat es einige gegeben, aber die meisten Kilometer, etwa 30000 schätze ich, hab ich wohl mit dem kleinen schwarzen BMX gemacht, das mit in Kreta war. Nun soll es bald ein gutes Reiserad geben mit einer richtig guten Schaltung – keine oder die beste, finde ich. Daneben das optimale Faltrad aus London für die Kombination mit den Öffentlichen – wer braucht da noch ein Auto, wenn er nicht krank ist? Ich steige immer noch lieber in die Pedale und gehe gut essen, als dass ich hinter der Scheibe im Sessel zur Tankstelle gerollt werde. Die Energiezufuhr für die Fortbewegung verschafft mir so mehr Genuss.

Bis heute mähe ich meine Wiese zwei bis drei Mal pro Jahr mit der Sense. Nicht mehr an einem Morgen am Stück, wie noch vor Jahren, sondern manchen Morgen einen Streifen. Das macht munter wie jeder andere Frühsport und lässt vielen Kleinlebewesen Zeit zum Umziehen in die Nachbarschaft, wo das Gras noch hoch steht und blühen darf. Das ist ein ruhiges Geschäft und am schönsten am Sonntagmorgen, wenn alle ausschlafen und die Rasentraktoren, die heute schon für die kleinste Fläche wöchentlich eingesetzt werden, mal einen Tag Pause machen. Ich liebe diese Sonntage im Garten, wenn es morgens so still ist und sich keiner zu werkeln traut!

Finanziell bin ich wohl einigermaßen auf der sicheren Seite angekommen, so weit es die überhaupt gibt. Haus- und Grundbesitz scheinen mir noch immer die verlässlichste Geldanlage zu sein. Auch wenn eines schönen Tages meine primitive Hütte nicht mehr zählen sollte, so hat sich der Wert des Grundstückes schon verdoppelt. Sollte ich einmal pflegebedürftig werden – wer weiß das schon –, würde ich von seinem Wert längere Zeit zehren können.

Meine 800 Euro Rente empfinde ich bei meinem Lebensstil fast als üppig, weil ich ja keine Miete zahlen muss und selbst Einfluss auf meine Nebenkosten habe. Will man sich mit Zahlen beschäftigen, so kann man die Rechnung aufmachen, dass Holz, Wasser, Kaminkehrer, Müllgebühren, Grundsteuer, Versicherung, Kerzen und Haushaltbeitrag zusammen, auf den Monat umgelegt, etwa fünfzig Euro ergeben. Was etwas an mir nagt, ist der Haushaltsbeitrag (ehemals GEZ-Gebühr), um den ich auch in meinem stromlosen Haushalt nicht herumkomme, der aber mit seinen 200 Euro höher ist als meine Energiekosten in Form von Holz für Heizung, Warmwasser und Kochen fürs ganze Jahr. Fürs Radio hab ich immer gerne meinen Beitrag entrichtet, aber fürs Fernsehen, das ich nicht nutze? Das aber immer wieder mal bei mir drehen möchte, um sein Publikum mit einem Beitrag über meine Lebensweise zu unterhalten? So habe ich mir einen Tagessatz für meine Mitarbeit bei einem Dreh ausgedacht, der mir den Jahresbeitrag einbringt. Damit kann ich leben. Und das Fernsehen sicher auch.

Ich hol mir meine Rente noch immer in dreißig Scheinen à zehn Euro ab, den Rest lege ich für größere Ausgaben bereit wie Traversflötenunterricht, Enkelkinderrundreise, Radreparaturen, gemütlich Essengehen mit Freunden ... Kleidung erstehe ich weiterhin auf Flohmärkten, in Secondhandshops und manchmal auch in richtigen Läden. Pullis und Socken stricke ich selbst, wenn ich auch nach fünfzehn Jahren das Spinnen aufgegeben habe, als der Nachbar seine Schafe abgeschafft hat. Nicht, dass es anderswo keine Rohwolle mehr gäbe, aber manchmal kommt einem ja auch ein Beschäftigungswechsel nach langer Zeit recht.

Ich bekomme noch immer viel Besuch. Mancher ist dabei, der nach oder in einer Lebenskrise alles umkrempeln und auf den Prüfstand stellen will. Und es dann beruhigend findet, dass es sich offenbar auch mit wenig Geld und wenig Habe ganz gut leben lässt.

Ich habe aber auch schon erlebt, dass Durchreisende auf ihrem Weg in den Urlaub eine Pause machen und dreist Einlass begehren, um zu überprüfen, was die Medien ihnen über dieses Projekt berichtet haben! Andere wollten schon mal der Frau ins Gesicht sehen, die offenbar nicht begreift, wofür ein Stromanschluss gut ist. Einmal fand ich in meinem Schuppen ein Stück Torte und eine Flasche Sekt, einen Zettel dabei: »Wir wollten Sie besuchen, Sie waren nicht da. So haben wir in Ihrem Garten gepicknickt, das ist übrig. Guten Appetit.« Auch nicht schlecht. Die meisten möchten nur mal wissen, ob es mir gut geht und ob ich mir vorstellen kann, auch im Alter noch so zu leben? – Das werden wir sehen. Für mich ist das noch immer ein fortlaufendes Experiment. Wenn mich morgen etwas nicht mehr zufriedenstellt, dann werde ich es ändern.

Pläne? Ja, immer! Den nächsten Winter doch mal wieder in den Süden? Seit ich Enkel habe, war ich im

Winter immer hier. Nun geht auch der jüngste schon in die Schule, und letztes Jahr ist meine Mutter mit fast 93 Jahren gestorben, die trotz eisernem Willen in den letzten zwei Jahren Hilfe gebraucht hat. Da wäre ich doch wieder ungebunden genug, aufzubrechen. Das sollte ich laut denken, damit der Welpe mitkriegt, was so im Raume schwebt! Mit Zug, Schiff und Rad nach Kreta? Mal schau'n, ob es die alte Christini in Paleochora noch gibt und ob sie für uns ein Zimmer hat, von November bis März, mit MEERBLICK! – Der Sancho guckt mich aufmerksam an, legt den Kopf schief, springt dann hoch und wedelt wie wild! Hat das kleine Bürschchen denn keine Ahnung, wie weit das ist? Schauen wir mal, was uns sonst noch so einfällt, wenn es so weit ist.

Glossar

Ain	Quelle
Erg	Dünengebiet
Fennek	Wüstenfuchs
Gassi	ebene Fläche zwischen Dünen
Gerba	Wassersack aus Ziegenhaut
Guelta	natürliche Wasserstelle
Hassi	Brunnen
IGN-Punkt	Vermessungspunkt
Kri-Kri	Amulett der Tuareg
Litham	Gesichtsschleier des Targi
Louage	Sammeltaxi der Tunesier
Medina	Altstadt
Moula-Moula	Steinschmätzer
Quad-Quad	Allrad
Regg	Kieselwüste
Souk	Markt
Targi	Ein Mann der Tuareg
Targia	Eine Frau der Tuareg
Tuareg	Bewohner der Zentralsahara
Wadi	Trockenflussbett
Waran	drachenartige Echse
Zeriba	Schilfhütte der Tuareg
Zigeuner	Dieser Begriff ist bei mir nie negativ besetzt, erst recht nicht im Zusammenhang mit ihrer Musik, die ich sehr verehre

Ein faszinierendes Kapitel der deutsch-isländischen Geschichte

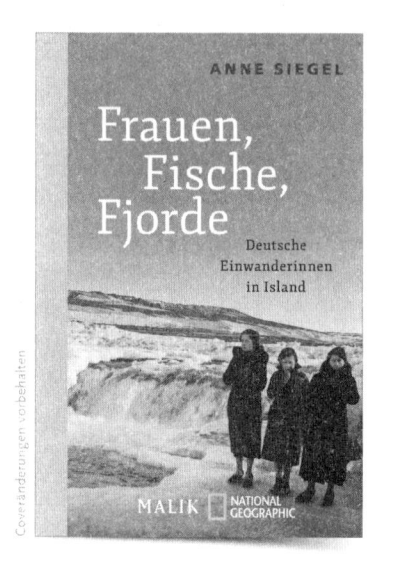

Hier reinlesen!

Anne Siegel
Frauen, Fische, Fjorde
Deutsche Einwanderinnen in Island

272 Seiten
ISBN 978-3-492-40609-3

1949. Auf Islands Bauernhöfen herrscht akuter Frauenmangel, während in Deutschland auf einen Mann fünf Frauen kommen. Hunderte von ihnen entschließen sich, nach Island zu emigrieren. Anhand ausgewählter Lebenswege zeichnet Anne Siegel spannende Schicksale nach. Mitreißend schildern die heute betagten Frauen, wie sie überwältigt wurden von der Gastfreundschaft der Isländer und der Wildheit der Natur; wie sie ein neues Zuhause fanden, Familien gründeten und für immer blieben.

NATIONAL GEOGRAPHIC   MALIK